# À CORPS CONSENTANT

## Ouvrages de Thérèse Bertherat

Le corps a ses raisons
Auto-guérison et anti-gymnastique
*Seuil, 1976*

Courrier du corps
Nouvelles voies de l'anti-gymnastique
*Seuil, 1980*

Le Repaire du tigre
*Seuil, 1989*
*et cassette, 1989*

Les Saisons du corps
*Albin Michel, 1985*

## Ouvrages de Marie Bertherat

100 Ans de pub
(sous la direction de)
*Atlas, 1994*

100 Ans de mode
(sous la direction de)
*Atlas, 1995*

Les Messages secrets
*Milan, 1996*

MARIE BERTHERAT
THÉRÈSE BERTHERAT
PAULE BRUNG

# À CORPS CONSENTANT

ÉDITIONS DU SEUIL
27, rue Jacob, Paris VI^e^

Ouvrage publié sous la direction
d'Edmond Blanc et de François Saugier

*A Julie*

Les dessins sont de Paule Brung,
sauf pour les pages 52, 142 et 149 : Martin de Halleux.

ISBN 2-02-023554-4

# Introduction

C'est le journal de Marie, ma fille, que vous avez entre les mains. Ses mots ont le poids du bon sens, de la sincérité. Ce qu'elle dit, avec simplicité, elle l'a éprouvé dans son corps, elle l'a perçu dans sa chair. Pendant neuf mois. Pour vous le transmettre, elle a ensuite mené son enquête, avec intelligence, avec rigueur. Avec sa générosité, et cette douceur têtue qui est bien dans sa manière.

Pourtant, ne vous y trompez pas. Ces neuf mois d'incertitude, de joie, d'inquiétude, de triomphe qui l'ont faite mère ne sont pas une invitation aux promenades faciles ; ils ne sont pas une invite aux comportements conformes, aux conduites dociles. Forte de son expérience, et de ses recherches, Marie vous dit : « Ne vous laissez pas faire. » Enfanter est une aventure privée. Au nom de la Santé publique, ne renoncez pas si vite à votre autonomie ; si votre grossesse ne présente pas de pathologie, ne vous laissez pas impressionner par l'attirail du « progrès », si prompt à s'interposer. Écrans d'échographie, blouses blanches, gants de latex, perfusions, seringues…

Il m'a été donné d'assister à quelques naissances. Difficile d'oublier. L'émotion, l'intensité du moment. La sueur, le sang. Mais autre chose encore. Là, dans la salle ripolinée de blanc, éclairée au néon, il se passe quelque chose venu de la nuit des temps. Au milieu des appareils nickelés, laqués, chromés, il se passe de la magie. Cela arrive presque toujours au même moment, au moment où les contractions sont les plus fortes, un peu avant que l'on aperçoive la tête de l'enfant, son visage couvert de sécrétions, comme celui d'une minuscule statue voilée. Alors, surgit la magie. J'appelle cela de la magie, faute de mieux. Une énergie qui n'a ni forme ni couleur traverse la pièce. Venue d'où ? Enfermée dans la femme qui est là, en train d'enfanter ? Une énergie palpable un court instant. Un instant très bref. Quelque chose de sauvage, grandiose, violent comme la vie, comme la mort.

Ceux qui ont le cuir le plus épais n'y sont pas insensibles. Au dire des sages-femmes les plus endurcies que je connaisse, la routine n'efface jamais complètement cette impression d'étrangeté. Pas étonnant qu'on se hâte de museler, d'encadrer cette force surgie d'un corps de femme ; elle est à la limite du tolérable pour qui n'est pas intimement concerné. Soumettre une femme enceinte est d'ailleurs chose facile. Oui, là est le paradoxe. Dans ces moments-là, tant de puissance virtuelle, et, à côté, tant de peurs secrètes. Tant de doutes, de questions restées sans réponses. Les changements qu'on voit dans le corps, et ceux, plus profonds, qu'on ne voit pas. L'embryon qui est caché au regard, à la fois présent et absent. Notre habitude de nous fier à nos yeux, à eux seuls, nous laisse déconcertées, inquiètes de ce que l'on appelle le Mystère de la Vie, et qui se passe au-dedans, dans l'obscurité de notre corps.

Il est alors si facile de se soumettre, si facile de s'en remettre aux autorités. Il est si facile de confier tous pouvoirs à ceux qui sont censés savoir mieux que nous ce qui se passe à l'intérieur de nous-mêmes. Un médecin, un spécialiste, une machine à échographier, un doseur de sang, un doseur d'urine, n'importe quoi nous inspire davantage confiance que nous-mêmes.

Et pendant ce temps nous échappe l'essentiel… Ne pouvant nous fier à nos sens, privées de nos sens, passives et soumises, nous allons nous coucher, renoncer, nous faire endormir, anesthésiées.

Et pourtant, la nature a fait tant et tant pour transmettre la vie. Elle n'hésite pas à produire des millions de spermatozoïdes dotés de toutes les audaces pour se propulser – une inlassable succession d'ovules. Avec une force d'attraction prodigieuse, elle jette mâles et femelles les uns vers les autres. Elle aménage le corps des femmes d'une manière si ingénieuse afin de favoriser les débuts de la rencontre. Elle pousse même la sollicitude jusqu'à faire baigner l'embryon dans un liquide salé qui rappelle de très près les eaux de l'océan primitif. Comme pour ne pas dépayser la vie apparue autrefois dans cet élément. Après cela, et encore bien d'autres exploits destinés à préserver notre reproduction, pourquoi voudrait-on qu'à la dernière étape elle sabote la totalité de son projet ? Pourquoi voudrait-on que le corps des mammifères humains ne soit pas capable de livrer passage au fruit admirablement cultivé pendant des mois ? Pourquoi voudrait-on que la nature ait justement oublié de prévoir l'issue ?

« Nous sommes tous beaux et bien faits », ai-je répété dans mes livres. Et le corps des femmes est bien fait pour livrer passage au fœtus qu'il a formé et porté. Une femme qui justement s'y connaît, Paule, avec ses quarante ans de métier de sage-femme, a expliqué à Marie comment son corps était fait et comment se préparer. Comment donner à l'enfant la permission de passer par la voie étroite. Permettre le passage, accoucher à corps consentant, c'est le secret de Paule.

A vous aussi, elle livrera son secret. Écoutez cette femme peu banale, professionnelle jusqu'au bout de ses longs doigts, et pourtant chaleureuse, et qui vous parle avec l'audace que seules peuvent donner des années de succès.

S'il vous arrive d'être inquiète, s'il vous arrive d'avoir besoin – je peux le comprendre – d'un mot de réconfort, d'une explication pratique, laissez-vous prendre par la main. Marie et Paule sauront vous parler. Elles sauront vous faire découvrir la force potentielle qui est en vous. Elles sauront vous aider à être vous-même, à comprendre comment permettre l'enfantement. Permettre la naissance est le contraire de l'aveugle soumission.

Je vous parlerai moi aussi du travail que vous pouvez faire sur votre corps, sur vos sens.

« C'est ma bouche qui m'a vraiment aidée à réussir mon accouchement. Et le travail du corps tout entier que vous m'aviez appris. » L'enfant qui venait de naître, quand j'ai entendu ces mots pour la première fois, a bien dans les vingt-cinq ans aujourd'hui. Sa mère, une superbe jeune femme au teint de lait, avait tenu à l'appeler « Eugène » en deuxième prénom, c'est-à-dire : le bien-né. J'étais émue, un peu surprise, mais je n'avais pas encore compris.

Depuis ce jour, j'ai entendu ces mots bien souvent. Et toutes ces jeunes femmes qui furent mes élèves m'ont enfin appris pourquoi, sans avoir jamais cherché à les préparer à accoucher, je les avais aidées à donner naissance à leur enfant avec naturel. Mon travail était bien une préparation à la naissance, mais pas seulement à celle qu'on attendait. Ces femmes sont nées à elles-mêmes en même temps que naissait leur enfant.

« Être, c'est ne jamais cesser de naître », m'a dit un jour l'une d'elles. Pour bien des gens, être n'est qu'une façade. Derrière la façade, il y a leurs sensations, leurs émotions, enfouies dans le dedans de leur corps, dont ils ne savent rien ; et l'organisation de leurs muscles dont ils ne savent pas grand-chose. Pour une femme enceinte, la façade, modelée de l'intérieur, bouge et se transforme. Comment ignorer le dedans qui s'impose à chaque instant ? Impossible d'attendre un autre moment. Le moment, c'est maintenant.

Ce n'est pas rien de sentir dans son corps la présence d'un corps étranger. Désiré, aimé, rêvé, mais étranger tout de même. Pour habiter son corps à deux, il faut prendre conscience de la profondeur qui existe derrière la façade. Pour se sentir plus stable, moins vulnérable, il faut rassembler son être tout entier. Pour être disponible à la vie de cet autre minuscule, il faut être disponible à ses propres sensations. Enceintes, les femmes ont plus que jamais ce sixième sens qui leur donne accès à leur corps. Elles pressentent qu'il leur faut se réunir pour pouvoir mieux, ensuite, se séparer.

Il n'est pas nécessaire d'avoir été enceinte pour avoir l'impression d'avoir en soi deux étrangers. La tête ignore le corps, et la tête contient deux cerveaux, deux hémisphères, qui souvent se contredisent. La musculature du corps est faite de deux moitiés en conflit. Les sens eux-mêmes sont sous la domination d'un seul, la vue, qui bouche le passage à tous les autres.

Le miracle, c'est que les femmes sont capables de réunir corps et esprit, physique et psychique, force et faiblesse. Pendant neuf mois, la nature leur fait ce cadeau d'effacer la dualité de leur être, de prendre conscience de leur unité.

*Thérèse Bertherat*

# PREMIER MOIS

**• 1^er novembre**

Ce matin, le ciel est tout bleu, un bleu d'hiver très lumineux, presque éblouissant. Allongée à plat dos sur mon lit, je pose mes mains sur mon ventre. Je les promène doucement autour de mon nombril en regardant le plafond. Je suis enceinte. C'est une phrase banale, mais tellement énorme que je me relève pour aller vérifier la bande bleue du test de grossesse. Je relis encore une fois la notice : « *Si une ligne bleue traverse la grande fenêtre de la tige absorbante, vous êtes enceinte.* » Alors, je suis enceinte. Je connaissais déjà tu es enceinte, elle est enceinte. Je n'avais jamais prononcé ou écrit : je suis enceinte. Sainte. Sein. Enceinte. « *Ce qui entoure un espace à la manière d'une clôture et en interdit l'accès* », dit le Robert. Cette définition me convient mieux que l'autre : « *Qui est en état de grossesse.* » Je ne me sens pas en état de grossesse, je serais plutôt en état de secret défense. Investie, comme on l'est d'une mission. Mais investie de quoi, je ne sais pas. Je n'imagine pas. Je regarde le soleil qui fait des vagues sur le plafond. Le mot « mère » me paraît curieusement abstrait. « Fille » m'est beaucoup plus familier. De toute façon, je suis incapable de réfléchir. Je veux juste être allongée avec cette révélation dans mon ventre et savourer sa présence. Les yeux fermés, les yeux ouverts. A plat dos, à plat ventre. Les pieds au mur, la tête en bas, je jubile. Je songe à l'audace de ce bébé, à l'incroyable témérité des bébés qui choisissent de pousser dans le ventre des femmes. Françoise Dolto disait que les bébés choisissent leurs parents. Cela me plaît d'être la mère choisie par mon bébé, la femme élue.

**• 27 novembre**

Plus les jours passent, plus je sens mon bébé résolu. J'ai l'impression que ce petit être qui m'habite a une volonté de fer. Je pense au jour de sa conception, à cette formidable bataille qu'un spermatozoïde et un ovule ont livrée pour s'implanter dans mon utérus. Quelle détermination ! En même temps, je ne peux m'empêcher de douter. Pas de lui, mais de moi. De ma capacité à être mère, pas en général, mais maintenant, en particulier. L'inquiétude me chavire le cœur. Et l'estomac… Nausées de femme enceinte, nausées de mère inquiète.

Parfois, je me dis que je n'y arriverai jamais, que je ne suis pas encore prête. Aujourd'hui, j'ai repris confiance. Je me dis que s'il est là, dans mon ventre, c'est que lui doit me sentir capable, cela m'encourage. L'angoisse est toujours là, tapie dans un coin, mais je la tiens à distance en regardant les nuages courir dans le ciel.

# DEUXIÈME MOIS

**• 28 novembre**

Cette invisible présence m'enivre. Pourtant, sa réalité continue à m'échapper. Ce petit être qui obsède mon corps et mon esprit n'est même pas une image. Je ferme les yeux et je ne vois rien. Ni le nourrisson d'Épinal joufflu qu'il n'est pas encore ni l'inquiétant embryon qu'il doit être. Ce bébé n'est qu'une euphorisante obsession. Je pourrais consulter un manuel, calculer sa taille et son poids, connaître sa forme. Je n'en ai pas envie.

**• 1er décembre**

La médecine moderne n'aime pas l'imaginaire des mères. Elle préfère leur donner à voir des images « réelles ». Ce matin, c'en est fini de l'immatérialité de mon obsession, j'ai rendez-vous pour ma première échographie. Le cabinet est immense, je m'assois dans l'une des salles d'attente.

« Madame Bertherat ! »

La voix est neutre, professionnelle, mais, malgré mes recherches, je ne vois pas d'où elle vient. Je me dirige à tout hasard vers une porte entrebâillée d'où le son semble s'être échappé. « Docteur M. » indique la pancarte collée sur la porte. J'entre. La pièce est plongée dans l'obscurité. Une grosse machine équipée d'un écran crée un vague halo lumineux. Il me faut quelques secondes pour distinguer une petite femme gris souris assise derrière un bureau. Elle a le nez plongé dans ses papiers. Je ne me suis pas trompée de porte.

« Baissez votre collant et allongez-vous ! » me dit-elle en désignant sa table d'examen du menton.

Le docteur M. se dresse, debout elle ressemble encore plus à une souris. D'habitude, je les aime bien, surtout leur museau pointu. D'un rapide mouvement circulaire, elle enduit mon ventre d'un gel froid puis saisit une sorte de stylo à tête plate et le fait glisser sur ma peau. L'écran situé en face de moi se couvre de points lumineux. L'image est absolument impossible à décoder, au mieux on dirait des dépressions anticycloniques : j'ai beau écarquiller les yeux, je ne vois rien qui ressemble à un bébé ou à un morceau de bébé. La petite souris fixe l'écran, mais ne dit mot. Son silence me torture. Pourquoi ne dit-elle rien ? Qu'est-ce qui ne va pas ?

Pour compléter le suspense, la voilà qui branche le son : boum, boum, boum. La cavalcade effrénée résonne dans toute la pièce.

« Ces battements-là, c'est son cœur. »

Ouf ! la souris a parlé, c'est bon signe. Soulagée, je m'exclame béatement :

« Si petit et déjà un cœur ? »

La souris ne daigne pas répondre.

Le cœur, on dirait que c'est ce qui leur pousse en premier. Pas de cœur, pas de vie. Donc un cœur, une vie. Bon, mon bébé a un cœur, c'est une chose rassurante, mais ce cœur, il a bien un corps, non ?

« S'il vous plaît, montrez-moi le bébé sur l'écran.

– Pas le bébé, l'embryon », me corrige sèchement la souris qui m'annonce du même coup un « décollement des membranes avec hématome au pôle inférieur de l'œuf ». Un quoi ? Un bleu ? Lui aurais-je donné un coup sans le savoir ? Mauvaise mère. « Que faire ? » dis-je en faisant de mon mieux pour maîtriser ma voix tremblotante.

« Il n'y a rien à faire. Il faut attendre. »

Mais attendre quoi ? Ma langue est tellement sèche qu'elle colle à mon palais.

« Rhabillez-vous. »

La souris retourne s'asseoir derrière son bureau et me demande la date de mes dernières règles. Je suggère le 30 septembre. Je n'ai jamais été très douée pour me souvenir de ce genre de date. Par contre, je suis presque sûre du jour où nous l'avons fait ce bébé. C'était le 11 octobre ! Je le sais, parce que… je le sais.

« Hum, fait la souris. Cela ne correspond pas à la taille de l'embryon. » Sur le rapport d'échographie, le docteur M. note : « *Grossesse intra-utérine dont le développement ne correspond pas au terme supposé. Un contrôle est souhaitable dans huit-dix jours.* » Mon bébé, pardon, mon embryon n'est pas normal. Il est trop petit. Pourquoi ne pousse-t-il pas bien ? Qu'est-ce que j'ai fait de mal ? La souris n'a pas de pitié. Je vois bien qu'elle refuse de me rassurer. Je n'ai plus qu'à rentrer chez moi cacher mes yeux pleins de larmes. Je l'aime déjà si fort, moi, cet embryon.

**Qu'est-ce qu'une échographie ?**

L'échographie est un examen fondé sur le principe des ultrasons. Ces sons très aigus ne sont pas perçus par l'oreille humaine mais le sont par certains animaux comme les chiens, les chauves-souris ou les dauphins. Ces derniers utilisent les ultrasons pour se repérer sous l'eau. Ils envoient des vibrations sonores qui, lorsqu'elles rencontrent un obstacle, s'y réfléchissent et leur reviennent, les informant ainsi de la présence d'un banc de poissons ou d'un rocher. L'échographie obstétricale fait appel au même principe. On fait glisser sur le ventre de la mère un émetteur-récepteur à ultrasons, appelé sonde. Celui-ci envoie des ultrasons en direction de l'utérus et en reçoit en écho. Les ultrasons reçus sont immédiatement traduits en images sur un écran, montrant ainsi ce qui se passe dans l'utérus.

THÉRÈSE

Elle me disait « souffle », et je soufflais lorsqu'elle se faisait une bosse. Je voudrais pouvoir souffler, et la bercer tout doucement, comme autrefois. Je regarde ses yeux subitement creusés, sa bouche devenue une mince ligne mauve. Je voudrais souffler ma tendresse, je voudrais souffler et faire passer de mon corps dans le sien la sécurité, et la sagesse, et l'humilité, et la patience de générations de femmes avant elle et avant moi. Je voudrais souffler leur savoir venu du corps, du cœur.

« Les débuts d'un embryon de bébé ne sont pas si tranquilles. On dit un "œuf", et on pense à quelque chose d'inerte dans une coquille qui casse. Mais non. Les œufs humains sont remuants, souples de peau, et très résistants. Il vient de vivre des semaines agitées, ton bébé, au milieu de débris de cellules et de sérosités sanguinolentes, à batailler, avec son jumeau le placenta, pour se nourrir, pour s'accrocher au-dedans de ton utérus dont les muqueuses sont toutes congestionnées. Ils donnent des coups, ils en reçoivent. Pas étonnant qu'ils se fassent des bleus. Un hématome, ce n'est pas rare, ça guérit tout seul, comme un bleu. »

Elle serre les lèvres, veut sourire, mais son menton se met à trembler.

Autrefois, si elle m'appelait dans ses cauchemars, je savais, dans la réalité rassurante de sa chambre et de nos voix dans la pénombre, dissoudre les monstres. Les monstres sont autrement redoutables maintenant, avec leurs allures si banales que personne ne peut soupçonner la quantité d'angoisse qu'ils peuvent provoquer. Un examen, une machine, un opérateur. Mais l'examen censé sécuriser, en réalité, fait paniquer ; la machine censée montrer ne laisse rien voir, que des signes cabalistiques ; l'opérateur greffé au derrière de sa machine n'a qu'un écran à la place de ses yeux, pas d'oreilles pour vous écouter, et une seule occupation, trier des embryons, les faire entrer dans une fourchette statistique, ou les sortir s'ils sont trop gros, trop petits, pas aux normes.

J'ai soigné tant de gens, tant de femmes en détresse, depuis tant d'années. Je n'ai jamais soigné mon enfant. Jamais avec les techniques de mon métier. Pourtant, mon métier, je viens de le comprendre, c'est seulement d'aider les gens à dissoudre leurs monstres en leur faisant toucher la plus rassurante des réalités, leur propre corps. Percevoir en direct les informations de votre musculature vous donne une confiance en vous-même si profonde que rien ne peut plus vous l'enlever. De toute votre peau, de vos yeux, de vos lèvres, de vos oreilles et de votre odorat vous êtes en contact permanent avec le dedans et le dehors, vos nerfs sont vos messagers à travers le labyrinthe de votre corps, et – parce qu'ils sont justement les vôtres – rien n'est plus fiable que la rapidité et la précision de milliards de cellules pour assurer votre sécurité, votre bien-être.

Faire un enfant rend le corps si présent – un univers clos sur lui-même, et pourtant tellement sensible au monde extérieur. Jamais on a autant besoin de l'habiter à son aise, les mâchoires dénouées, et la respiration fluide, et le cœur tranquille, et les muscles souples depuis la tête jusqu'aux pieds.

« Veux-tu que nous essayions de “travailler” ? »

Elle ne répond pas, mais fait un signe de tête ; elle s'étend à plat dos et je vois son menton dressé et sa nuque serrée comme si elle luttait pour tenir sa tête hors de l'eau. Je décide de travailler les muscles de ses mâchoires.

*Mouvement* [1]

*Ce mouvement de base dénoue les muscles des mâchoires et de la nuque. Tu peux le faire dès que tu te sens inquiète, mal à l'aise. Si tu veux, tu peux t'étendre sur le sol, c'est mieux. Mais assise sur une chaise, ou debout, c'est bien aussi.*

*Puisque tes mâchoires sont serrées, serre-les davantage. Applique bien tes molaires contre tes molaires, essaie de serrer autant à droite qu'à gauche. Observe comment tu respires. Quelques secondes seulement.*

*Maintenant, ouvre ta bouche, juste assez pour permettre le passage de ta langue. Élargis ta langue, assez pour qu'elle occupe tout l'espace de ta bouche entrouverte, les deux commissures de tes lèvres, et qu'elle humecte sans avoir à bouger ta lèvre inférieure et ta lèvre supérieure. Pas serrées les lèvres, et très large la langue.*

*Reste quelques secondes ainsi en essayant de souffler très*

1. Tous les autres mouvements proposés sont rassemblés à la fin de l'ouvrage.

*doucement par tes narines. Attends de sentir ta langue sèche pour la remettre en bouche.*

*Recommence une fois ou deux. Apprécie comment ta respiration devient plus paisible et plus profonde.*

Pourquoi la bouche ? Pour tous les mots qui sont restés sur ta langue, entre tes dents.

Émettre des mots est notre défense d'animal humain. Attaquer s'ils sont assez forts, fuir s'ils sont faibles, ce sont les réactions des êtres vivants depuis toujours. Ou encore se figer sur place, serrer les dents, couper la respiration, éteindre le regard. Ne rien laisser au-dehors, rien de vivant. Les animaux font le mort quand ils n'ont pas d'autre choix. Les humains aussi. Pas un cri, pas un regard, pas un souffle. Pas un mot. Le corps est en pleine action, le cœur saute dans la poitrine, les poings se serrent. Et puis rien. S'enfuir à toutes jambes ne se fait pas, frapper son prochain ne se fait pas. Former des mots dans sa tête se fait, émettre des mots avec sa bouche se fait – formuler des questions, demander des comptes, dire sa peine, sa colère. Mais comment le faire ? Bien souvent, on ne trouve pas les mots. Pas tout de suite. Nos yeux se brouillent, notre gorge se noue, des mots bredouillés, pas ceux qu'il faudrait, se bousculent entre nos lèvres. Plus tard, on rumine pendant des heures ce qu'on aurait voulu dire. Et puis, on finit par oublier. Mais notre corps, lui, n'a jamais rien oublié.

Stoppé en plein élan, notre corps a freiné de tous ses muscles. Freiner, c'est tout ce qu'il peut faire. Ainsi, les muscles se contractent, et attendent, pour pouvoir enfin se relâcher, un ordre, qui ne vient pas. Notre cerveau, qui devrait donner l'ordre, ne peut le donner, car il ne sait pas ce qui s'est passé dans notre corps. Le cœur qui saute, les mains moites, le branle-bas, ce n'est pas son œuvre. C'est le travail d'un réseau nerveux parallèle qu'on appelle le système neurovégétatif. Il veille jour et nuit à préserver la vie en nous, et ce qu'il fait, notre cerveau conscient serait bien en peine de l'analyser et le comprendre. En ce moment même, ton cœur bat, ton sang circule, tes poumons respirent, et tu n'as pas besoin de le vouloir, ni même le savoir, pour que tout se passe parfaitement à l'intérieur de toi. Ton embryon de bébé s'est niché dans ton ventre grâce à lui. Il ordonne les hormones qu'il faut, les dose, les distribue. Plus tard, à la naissance, c'est lui qui fait se contracter l'utérus ; il décide du moment, du rythme, de la durée des contractions. Ce bébé, c'est sa responsabilité, son ouvrage précieux.

Son travail est vital et magnifique. Sauf que, parfois, il en fait un peu trop. Il réagit trop fort. Trop d'impulsions, trop d'émotions, et par conséquent trop de contractions dans les muscles. Pour le calmer, il ne faut pas le laisser seul, en train d'exagérer ; il faut associer notre cerveau conscient au système nerveux inconscient. Comment ? En apprenant à connaître les muscles qui se contractent malgré toi, à les situer, à les ressentir. A les dénouer.

Tu n'as pas besoin de te lancer dans des études d'anatomie. Commence par ta bouche, par exemple. Elle détient la clé de l'équilibre neuromusculaire de ton corps tout entier. Que les mâchoires se verrouillent et la musculature du cou, du dos ou des jambes est prisonnière de ses contractures, elle a le plus grand mal à se libérer.

Ta bouche peut condamner toutes les portes de ton corps, ou les faire s'ouvrir toutes grandes, à volonté. C'est une porte, la première, la plus haut placée. Sans relâchement de la bouche, pas de relâchement de la musculature.

La bouche est puissante, musclée, très sensible. A la première place depuis le premier instant de notre venue au monde, elle tète, elle suce, elle mange, elle embrasse, elle émet des paroles. Elle est brutale, elle est très douce, elle est tout à la fois.

Les muscles de nos mâchoires sont les plus puissants de notre corps, compte tenu de leur taille. Quand ils se contractent, nos mâchoires se referment avec une force de pression de quatre-vingts kilos. Chaque fois que nous avalons notre salive, ils font peser sur nos dents une charge d'environ deux kilos. Et comme nous déglutissons très souvent, même pendant notre sommeil, ils font peser sur nos dents – et sur notre corps tout entier – une charge de quatre tonnes en vingt-quatre heures [1].

1. Dr Soly Bensabat, *Le stress, c'est la vie*, Paris, Fixot, 1989, p. 44 ; réimp., Paris, Éd. Poche Pratique, 1991.

A la frontière entre le dehors et le dedans, notre bouche est aussi à la frontière entre le conscient et l'inconscient. Tu ne sais pas vraiment ce que tu fais avec tes lèvres, ta langue, tes mâchoires ; tu parles, tu manges, tu embrasses, tu souris, et les muscles de ta bouche font une quantité de mouvements dont tu n'as pas conscience. Et ils tiennent bien serrées dans leurs fibres quantités de tensions dont tu n'as pas la moindre perception.

Avant de pouvoir dire sa peine, avant de trouver les mots justes, il faut pouvoir desserrer les dents, au sens propre. Il faut rendre à la musculature de la bouche l'amplitude physiologique de ses mouvements, sa liberté. Je ne demande pas que l'on s'exerce à se décrocher les mâchoires ; je remarque d'ailleurs que ceux qui redoutent ce genre d'accident ont les mâchoires vissées par les contractures, ainsi leurs articulations sont désaxées ; dès qu'ils relâchent leurs muscles, leurs problèmes de mâchoires disparaissent. Je demande des mouvements minuscules, très précis, très fins que l'on répète jusqu'à la fluidité complète. Différencier les muscles des lèvres, et ceux de la langue, et ceux des mâchoires en les faisant bouger séparément.

Bien souvent, après de tels mouvements, un flot de paroles se libère, et comme une ouverture ne bouge pas sans l'autre, la vue s'améliore, et l'ouïe. Ce n'est pas étonnant car les mâchoires et les oreilles ont des nerfs en commun, et serrer les mâchoires diminue nos capacités d'écoute : rien ne peut sortir et rien ne peut entrer.

Le corps est un tout, un vaste réseau nerveux, sensoriel, sensuel. Tout se tient, le haut avec le bas, le dedans avec le dehors. Un orifice en évoque un autre, une sensation dans un orifice de la tête provoque des sensations dans l'orifice génital. La prise de conscience d'une cavité éveille la conscience dans une autre cavité. La connaissance de la bouche appelle la connaissance du vagin, et celle du vagin appelle l'utérus avec sa bouche qui s'avance, et que l'on appelle justement le « museau de tanche ». A son heure, le museau s'ouvrira pour laisser passer tout naturellement la tête de l'enfant. Les lèvres de la bouche rappellent les lèvres du sexe. La langue si musclée – elle n'a pas moins de dix-sept muscles – contractile et rétractile d'une manière troublante, est capable par ses mouvements précis de libérer le souffle, les muscles de la nuque et ceux du dos.

*Mouvements de bouche n^os^ 1, 2 et 3, p. 137 à 139.*

**• 6 décembre**

Finalement, il a fallu que je m'apprête à devenir mère à mon tour pour demander autre chose à maman que ses deux bras chauds et tendres. Aujourd'hui que son amour de mère ne suffit plus à me réconforter, j'accepte son aide de thérapeute, celle qu'elle donne depuis tant d'années à ses patients. Je me suis sentie tellement désemparée par cette échographie menée sans délicatesse. Faire jouer mes mâchoires m'a permis de laisser sortir ma colère, je respire plus légèrement, mon cœur ne bat plus la chamade. Je reprends confiance en mon valeureux bébé. Je me suis probablement trompée de date… Après avoir tant lutté pour exister, mon bébé va s'accrocher, décollement ou pas, hématome ou pas. Certains jours, j'y crois, d'autres pas.

THÉRÈSE

Il s'accrochera. Les bébés sont costauds et les mères ont des réserves d'énergie comme jamais dans leur vie. Dans les années quatre-vingt, des entraîneurs soviétiques augmentaient, dit-on, les performances de leurs sportives en leur demandant d'être enceintes, le temps de produire assez d'hormones spécifiques de la grossesse, capables d'augmenter les forces musculaires. Elles avortaient ensuite.

Une biochimie extraordinaire s'ordonne autour de ton embryon de bébé. Ton organisme tout entier est en route pour la vie ; il veille sur lui de toutes les fibres de ses muscles, de ses vaisseaux, de ses nerfs.

Parce que ton bébé est soupçonné de n'être pas conforme aux normes statistiques, tu crois que ton corps t'a peut-être trahie, qu'il a menti ou qu'il se trompe. Juste avant, il y avait les forces de vie jaillissantes, invincibles, et maintenant il y aurait rupture, incapacité, incohérence ?

Pendant des siècles, l'enfantement appelait les rites magiques et la crainte de ce qu'on ne peut maîtriser, comme l'eau du ciel et le feu des volcans. Maintenant, tout – presque tout – ce qui concerne la grossesse peut se traduire en chiffres statistiques. Le ventre des femmes est devenu transparent. Pourtant l'inquiétude est toujours là. Celle des femmes, mais aussi celle des praticiens.

L'utérus est dérangeant. Dès sa découverte, il a dérangé, on croyait qu'il voyageait à travers le corps des femmes, et s'il arrivait jusqu'à la tête, c'était le désastre : crises, convulsions. *Hystérie.* C'est de là, d'utérus en grec, que vint le mot, au siècle dernier. Les connaissances en neurologie étaient déjà bien avancées, mais plus on étudiait les trajets nerveux, plus le mystère des crises restait inexplicable, et féminin.

L'utérus est désormais sous contrôle. Du moins, sous contrôle optique. Mais cela ne l'empêche pas d'être suspect, de changer de volume et de forme, se gonfler de vie, et ne pas vouloir rester à sa place. On a beau surveiller au dixième de millimètre près ce qui pousse là-dedans, on sait qu'il y aura, sous la rondeur et la douceur du dehors, neuf mois d'irrésistible montée en puissance. Comment veux-tu que cela ne provoque pas des sentiments ambigus ? Pour être engoncée dans les habits scientifiques, l'inquiétude n'en est pas moins de l'inquiétude. Pas si rationnelle qu'on voudrait nous le faire croire.

« Tout trouble dans la capacité de ressentir pleinement son propre corps attaque la confiance en soi aussi bien que l'unité du sentiment corporel ; il crée en même temps le besoin de compensation [1]. » Le sens du toucher absent, l'écoute absente, le sens de la vue réduit au pourtour d'un écran attaquent certainement la confiance en soi, mais trouvent leur compensation dans les prothèses magiques de tout l'appareillage de la technologie. Sauf pour les femmes. Elles ne sont pas connec-

1. Wilhelm Reich, *La Fonction de l'orgasme*, Paris, L'Arche, 1970, p. 236.

tées à ces machines. Voir ne les rassure pas, car ce n'est pas avec le regard qu'elles sont reliées à leur enfant. Leur connaissance est infiniment plus riche et plus profonde.

*Mouvement n° 4 pour décontracter les muscles lombaires, p. 140.*

### • 10 décembre

Deuxième échographie. Je suis arrivée la vessie pleine – « buvez un litre d'eau avant de venir », m'avait dit la secrétaire au téléphone quand j'ai pris mon rendez-vous. Une vessie pleine aplanit les circonvolutions de l'intestin, faisant ainsi ressortir l'utérus à l'échographie. Il y avait six personnes dans la salle d'attente quand je suis arrivée ! Une heure d'attente la vessie au bord de l'explosion, mais cela valait la peine. Le verdict des ultrasons a été tout à fait rassurant : le bébé pousse parfaitement, le décollement est devenu un « mini-décollement » et l'hématome un « mini-hématome ». Autrement dit, tout est rentré dans l'ordre. Cette semaine de tourmente était bien inutile. Pourquoi le docteur M. n'a-t-il pas su, ou voulu, mieux choisir ses mots, lors de ma première échographie ?

# TROISIÈME MOIS

**• 15 décembre**

Je me suis inscrite à la maternité. Il n'y avait déjà plus de place à l'hôpital V., dont la réputation attire toutes les femmes enceintes du quartier. Je me suis rabattue sur la maternité des R., dont le personnel est, paraît-il, chaleureux et attentif. Les formalités administratives accomplies, on m'a envoyé dans un tout petit bureau où une jeune femme en blouse blanche m'a expliqué le fonctionnement de l'établissement, les visites obligatoires avec le médecin et les analyses à faire. Au bout d'un moment, elle m'a demandé ce que j'attendais de la maternité des R. Sa question m'a prise de court, je n'y avais jamais réfléchi. J'ai répondu que je voulais que mon accouchement soit une parfaite réussite ! Elle n'a pas eu l'air très satisfaite de ma réponse, mais je ne voyais pas ce que je pouvais ajouter. Je n'ai jamais eu de bébé, je ne sais pas ce qu'on peut attendre ou ne pas attendre d'une maternité.

**• 17 décembre**

Nous sommes treize : six couples et une femme seule, assis par terre sur la moquette, le nez en l'air, le regard fixé vers un poste de télévision accroché au plafond. Les femmes sont enceintes, certaines tiennent leur mari par la main, la femme seule est assise bien droite. Nous regardons un film sur la naissance dans une salle de la maternité des R. « *C'est facultatif,* a précisé la dame des inscriptions. *Vous n'êtes pas obligés de venir, mais c'est un beau film...* » A l'écran, trois femmes accouchent l'une après l'autre, sous nos yeux. Trois femmes inaccessibles, ni leurs soupirs ni leurs sourires ne nous sont destinés. Que pensent-elles ? Que ressentent-elles ? Nous ne le saurons pas. Aucune ne parlera, ni avant ni après l'accouchement. Elles viennent de vivre quelque chose que nous ne pouvons pas comprendre. Film muet qui nous laisse bouleversés. Ainsi, c'est cela. Quoi ? Je ne sais pas. Ce qui m'attend ? Peut-être...

THÉRÈSE Parce que ces femmes sur écran ne parlaient pas, ou parce que tu ne faisais que regarder ? Rêver un enfant, l'abriter en soi, le faire naître, le regard ne peut en rendre compte. La réalité se passe hors du champ visuel, dans des zones de l'être inaccessibles au regard.

Les femmes font bonne figure, elles coopèrent, acquiescent. Elles laissent sonder leur ventre, elles laissent filmer la naissance, l'œil d'une caméra entre leurs cuisses, et d'autres femmes acceptent de regarder le film. Pourtant, au fond d'elles-mêmes, quelque chose ne colle pas avec le spectacle. Ce qu'elles admettent sans problème en temps ordinaire les dérange secrètement. A cause de l'intrusion dans leur intimité, mais aussi à cause du besoin d'unité de leur corps.

En temps ordinaire, le corps est certes montré, exhibé, filmé, photographié. Mais il doit se plier aux lois de l'image. Il est forcément aplati, découpé, cadré. Et classé par genres. Personne n'aurait l'idée de regarder un corps pour lui-même. Il doit entrer dans une catégorie – sport, sexe, art, mode. Ce qui l'amène à être stéréotypé. Pour arriver à accrocher le regard du spectateur, les images ont besoin d'être toujours plus spectaculaires. Le spectateur reçoit des chocs visuels, suivis d'anesthésies où tout lui semble mixé uniformément.

Mais, spectatrice, tu ne peux l'être quand tu enfantes. Pas plus de ton propre enfantement que de celui des autres femmes. Il se passe quelque chose de profond qui te plonge malgré toi dans les racines de l'humanité. Tu enfantes avec ta peau, tes organes, ton ventre, et ton dos. Quand on leur montre un film d'accouchement, les futurs jeunes parents ont les larmes aux yeux : c'est que leur sincérité est si grande, et le mystère si intense, que les images arrivent malgré tout à crever l'écran et toucher leur cœur. C'est comme des miettes desséchées qu'on leur distribue.

**• 24 décembre**

Ce soir, c'est Noël, la gare de Lyon est noire de monde et le train est bondé. Je ne me vois vraiment pas voyager debout jusqu'à Valence. Martin non plus ne me voit pas. « Ma femme est enceinte », explique-t-il à un jeune homme souriant qui le reste et me cède sa place. Devant tant de bonne volonté, le père dévoilé tient à préciser que ce n'est « pas une blague ». Qui faut-il convaincre de la vérité de notre bébé ? Le souriant jeune homme ou nous, les parents ? Je reste rouge de confusion jusqu'à ce que le train démarre. Partagée entre la gêne et le fou rire. Usurpation de statut : mon ventre est tout plat, suis-je une véritable femme enceinte ? Et faut-il que je dévoile un secret aussi privé à un inconnu ? Vivement que mon ventre grossisse et que l'évidence s'impose !

**• 3 janvier**

Les vacances sont déjà loin. L'air de la campagne a définitivement quitté mes poumons. Ceux du bébé ne fonctionnent pas encore, mais c'est bien l'oxygène désormais parisien que je respire qui circule dans son corps et irrigue ses organes. Comme c'est la nourriture que je mange qui lui permet de se développer. Mais l'échange entre nous n'est pas direct.

La lecture des manuels pour femmes enceintes m'a révélé la présence d'un étonnant intermédiaire entre mon bébé et moi : le placenta, qui supervise et organise tous nos échanges.

**Quel rôle joue**

Sans le placenta, le bébé ne pourrait pas se développer dans l'utérus de sa mère. Il est l'intermédiaire indispensable qui prend en charge tous les allers-retours entre le fœtus et sa mère. Il puise dans le sang de la mère les molécules nourricières (glucose pour l'énergie, fer pour les globules rouges, calcium pour les os...) et l'oxygène dont le bébé a besoin, puis il le débarrasse de son gaz carbonique et de ses déchets. C'est aussi un producteur, il fabrique une vingtaine d'hormones nécessaires au fœtus, et un protecteur : il filtre la plupart des bactéries présentes dans le sang de la mère, tout en laissant judicieusement passer ses anticorps grâce auxquels le bébé sera protégé des maladies pendant six mois à un an après sa naissance. On compare souvent le placenta à un gros gâteau. Placenta vient d'ailleurs du mot latin gâteau. A la fin de la grossesse, il mesure vingt

Sans lui, le bébé ne pourrait pas vivre. Or ce n'est pas mon organisme qui a fabriqué ce placenta; ses cellules, comme celles du cordon ombilical d'ailleurs, proviennent de l'œuf. C'est-à-dire pour moitié du père et pour moitié de la mère. Encore plus étonnant encore, sans placenta, nos deux organismes ne se tolèreraient même pas. C'est le placenta qui permet à l'œuf – corps étranger – de se greffer sur la muqueuse utérine. Voilà ce qui se passe : l'organisme de la mère identifie la présence du corps étranger et déclenche les processus classiques d'autodéfense en fabriquant des cellules tueuses et des anticorps. Mais ceux-ci restent complètement inefficaces. Le greffon n'est pas rejeté. Pourquoi ? Parce que le placenta repère les tueurs et les engage pour son propre compte. Si, pour une raison ou une autre, le placenta ne joue pas son rôle de défenseur de l'œuf, il se produit un avortement dit « d'origine immunitaire ».

La connaissance de ce fabuleux mécanisme et du rôle du placenta me semble merveilleusement rassurante. C'est la preuve que mon bébé n'est pas un morceau de moi, une espèce d'excroissance ventrale, mais bien un être à part entière différent de moi. Le placenta est un excellent antidote au fantasme du bébé chair de ma chair, sang de mon sang.

**le placenta ?**

centimètres de diamètre et deux à trois centimètres d'épaisseur. Le placenta ressemble aussi à un arbre gorgé de sang ou plutôt à un bosquet d'arbres très ramifiés dont les troncs se divisent en nombreuses branches, tiges, brindilles et enfin petits brins présents par milliers et appelés villosités. Les racines de ces arbres sont situées du côté du cordon ombilical, leurs cimes pleines de villosités sont tournées vers l'utérus. Les villosités trempent dans de petits lacs remplis de sang maternel qui est sans cesse renouvelé. C'est ainsi que le bébé s'approvisionne : chaque villosité contient une artère pour transporter le sang neuf et une veine pour débarrasser le bébé du sang chargé de déchets et de gaz carbonique. Le sang du bébé n'est donc jamais directement en contact avec celui de sa mère : leurs échanges sanguins se font à travers les parois des villosités.

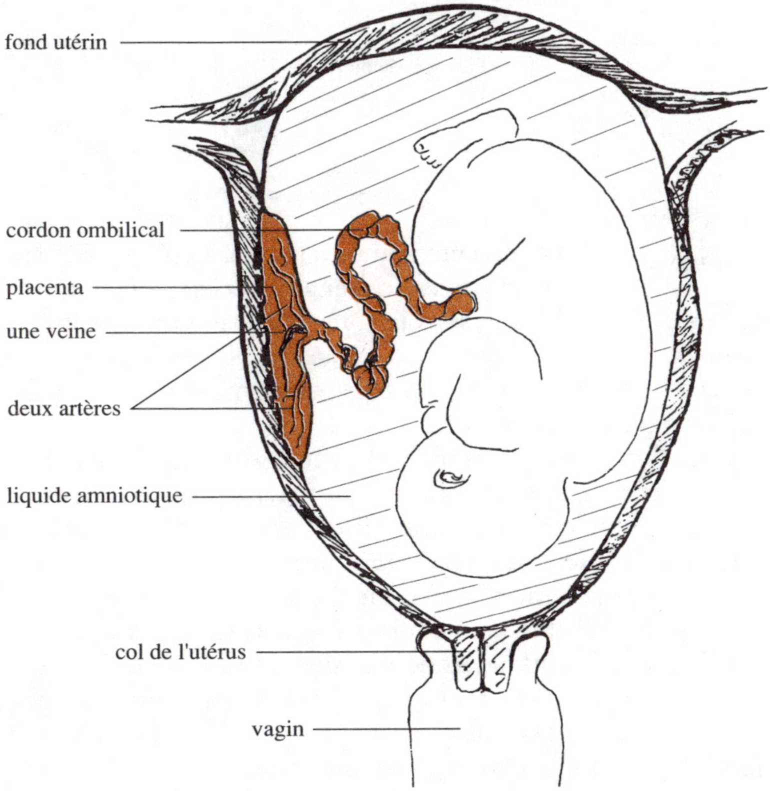

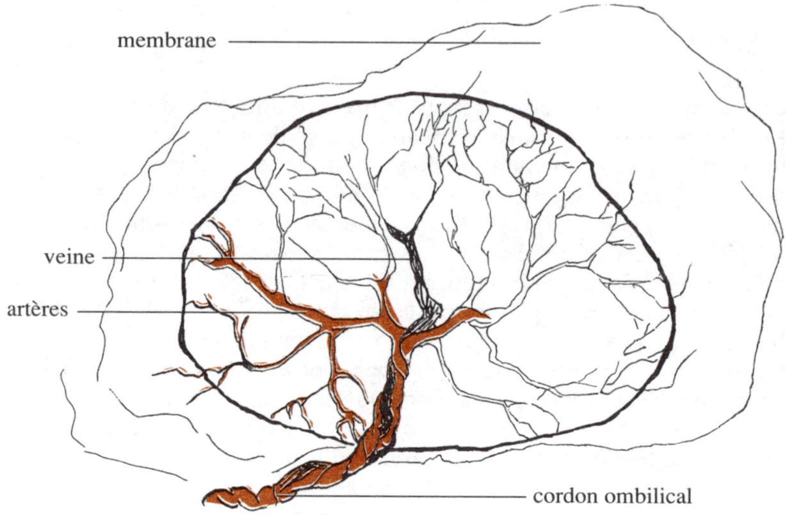


Face fœtale du placenta

THÉRÈSE Le placenta, qui ne laisse pas passer les bactéries, laisse passer l'adrénaline. Cette substance qui se déverse dans le sang sous le coup d'une émotion, bonne ou mauvaise, traverse aisément le placenta. Dans les deux sens. Ainsi le bébé et sa mère sont continuellement plongés dans le même jus émotionnel.

Lequel des deux a commencé ? Rien ne prouve que le fœtus ne soit pas capable de communiquer lui-même ses propres émotions à sa mère et de lui faire savoir ses désirs, ses préférences, influencer du dedans ses goûts, ses comportements, le temps de sa gestation. Ainsi, bien avant de naître, tu n'aimais déjà que le salé et déjà tu adorais voyager. Comment je le sais ? Pendant que je t'attendais, je me suis mise à n'aimer que le salé et à vouloir voyager, et, dès que tu es née, j'ai repris mes goûts personnels : rêver sur place et aimer le sucré. En fait, on ne sait pas encore grand-chose du savoir et du pouvoir des bébés.

Avant leur naissance, les bébés préparent eux-mêmes le lait de leur mère, à partir de leur placenta. Ainsi chaque femme sécrète un lait qui ne lui appartient pas, et qui pour chacun de ses enfants a une composition différente [1]. En élevage animal – nous sommes aussi des animaux –, on a observé que, si on mettait un veau aux mamelles d'une vache ayant vêlé d'une génisse, ce veau mâle ne serait jamais un bon reproducteur ; une génisse tétant le lait destiné à un jeune taureau ne serait jamais une bonne laitière. Et chez les humains ? On aimerait savoir comment, par exemple, le lait d'une nourrice fait pour l'enfant qu'elle a porté dans son ventre, et donné à un autre enfant auquel il n'était pas destiné peut le changer. « Autrefois, c'était curieux, me dit un jour une charmante et inconsciente vieille dame, les enfants se mettaient à ressembler à leur nourrice. Ils ne ressemblaient pas à leur bonne, mais à leur nourrice, certains leur ressemblaient à vie. »

Le passage des hormones est difficile à connaître parce qu'on ne sait pas très bien qui des trois habitants – la mère, le fœtus ou le placenta – les produit. On sait pourtant que le fœtus a une grande autonomie par rapport à sa mère : il règle lui-même la production des hormones vitales pour son développement.

On sait aussi que les hormones maternelles sont produites sous le contrôle du cerveau. Pas notre cerveau conscient, mais le plus archaïque et le plus animal qu'on appelle l'hypothalamus. Ce qu'il fait échappe presque complètement au contrôle du cortex, le cerveau moderne qui est perché au-dessus de lui. Et, d'ailleurs, son action occulte n'est pas connue depuis si longtemps de la recherche scientifique. L'hypothalamus est le grand manitou de la vie. Et aussi du bien-être, du plaisir. Il a sous ses ordres deux réseaux nerveux qui ont des actions différentes et complexes. Disons que l'un pousse et l'autre freine. Parfois l'un prend le pas sur l'autre et notre organisme se dérègle. Celui qu'on appelle le « sympathique » s'active dans les situations de stress, c'est lui qui fait s'accélérer les contractions

1. Madeleine Chapsal, *Ce que m'a appris Françoise Dolto*, Paris, Fayard, 1994, p. 247.

du cœur et de ses vaisseaux, et qui déverse l'adrénaline dans le sang. L'autre, le « parasympathique », essaie de calmer et de reconstituer notre énergie mise à mal. L'un est de service plutôt la nuit, l'autre plutôt le jour.

Pour ton bien-être et celui du bébé, tu as besoin de la bonne entente de ce couple nerveux. Tu peux toi-même les aider à s'accorder. Comment ? L'hypothalamus est constamment en liaison avec la bouche, les yeux, les oreilles, les narines, la peau, tous les capteurs des sens qui se tiennent à la frontière entre le dedans et le dehors de ton corps. Quand tu travailles ta bouche, ton système nerveux devient plus stable et confiant. Bientôt, je t'expliquerai comment travailler les yeux.

Le long de ta colonne vertébrale se trouvent les relais des réseaux nerveux. Par de très légères pressions, avec des petites balles de liège que j'utilise pour mon travail, tu envoies à travers ta musculature des messages d'apaisement à tes ganglions sympathiques, c'est-à-dire aux relais nerveux. Ils sont comme un bébé qui a besoin d'être touché pour calmer ses pleurs, ils ont besoin d'un contact. Inutile de pouvoir les localiser exactement, les messages circulent très bien le long de ton dos.

L'hypothalamus, qui n'a que la vie en tête, est le maître de la faim, de la soif et du sexe. Il est aussi, bien sûr, le grand maître de la naissance. Après avoir irrésistiblement attiré deux êtres l'un vers l'autre, fusionné ensemble la cellule mâle et la femelle, couvé le fruit, il ne faut pas s'attendre à ce qu'il s'endorme au moment de la mise au monde. A moins qu'on ne l'endorme artificiellement, à coups d'anesthésiants, c'est lui qui commande les mouvements de l'utérus. Tu peux compter sur les compétences de ton système nerveux. Certaines femmes pensent qu'elles devraient plutôt compter sur leur anesthésiste qui sait tant de choses. Il en sait beaucoup, c'est vrai, mais jamais autant que les neurones en mouvement dans leur propre corps en bonne santé.

*Mouvements n^os^ 5 et 6 pour faire respirer le dos, p. 142 et 144.*

**• 12 janvier**

Fatigue et lassitude. Levée, je n'ai qu'une envie : me recoucher. Couchée, je ferme les yeux et m'endors aussi vite. Ce n'est pas l'épuisement du sportif après l'exploit, cela ressemble plutôt à la torpeur intermittente de l'adolescence. Ces jours glauques où tout semblait vain sauf dormir et dormir encore, le sommeil comme échappatoire. Mes jours de femme enceinte ont la même indolence. J'ai lu que c'était un des effets de la progestérone, une hormone sécrétée en grande quantité par les femmes enceintes. Le sommeil comme une toile d'araignée qui empêche les mères de s'agiter.

Me voilà donc comme à l'adolescence, soumise au pouvoir hormonal. De nouveau, mon corps m'échappe pour n'en faire qu'à sa tête. A treize ans, sous mes yeux plutôt inquiets, mes seins poussaient, mes hanches s'élargissaient et mon nez indécis s'étalait sur mes joues. Je ne me reconnaissais pas. Cela recommence. Mes seins gonflent, mon ventre s'étale : quant à mon nez, il reste à sa place, mais palpite à tous vents, sensible à la moindre effluve. De nouveau, je ne me reconnais pas.

Adolescente ou mère en devenir, l'épreuve à affronter est du même ordre : sortir d'un état pour devenir autre. Hier, quitter l'enfance pour l'incertitude de l'adolescence ; aujourd'hui, quitter la liberté adolescente pour la responsabilité maternelle. Passage en eaux troubles. Je suppose que tout finira par s'arranger. Au plus tard, en juillet... Et puis les désordres de femme enceinte – nausées, vomissements, montée de salive et autres maux de mère – sont clairement répertoriés dans les manuels de grossesse, ce qui est relativement rassurant. Malheureusement, aucun livre ne s'accorde sur les causes physiologiques de mes désordres intérieurs. J'aime assez l'explication de « bonne femme » qui dit qu'une femme enceinte vomit ses angoisses par la bouche. J'aime moins l'analyse culpabilisante selon laquelle il n'y a que les femmes qui n'ont pas vraiment envie d'être enceintes qui sont malades. On dit aussi que les malaises sont réservés aux femmes déchirées, celles

**qui oscillent entre désir et refus de grossesse. Mais toutes les femmes n'en sont-elles pas là ! Attendre un enfant, le porter en soi, le fabriquer, s'imaginer l'élever, peut-il arriver plus grand bouleversement ? Alors comment ne pas se demander un jour ou l'autre si l'on a eu raison de se lancer dans une telle aventure ?**

THÉRÈSE Ton bébé n'a pas attendu le consentement de ta raison, c'est lui qui a décidé. Toi, tu étais là, dans une totale inconscience – c'est-à-dire dans une totale vérité – et ça a marché. Ton système nerveux aurait pu empêcher la rencontre. Il lui arrive d'empêcher les spermatozoïdes de mûrir, et les ovules de se former si le climat est au stress, ou d'empêcher que les deux cellules réunies puissent jamais s'implanter. Mais là, la vie est en route.

Ton système nerveux tâtonne, c'est vrai. Il essaie de s'ajuster, de s'adapter au mieux. Le langage du corps, c'est aussi cela. Les gens font tout pour empêcher l'intrusion de ces sensations « végétatives », c'est-à-dire appartenant au système neurovégétatif, lorsque leurs émotions sont trop fortes, et aussi leurs conflits. Personne n'aime avoir la nausée, la sensation de s'évanouir, la bouche sèche ou inondée de salive. C'est ainsi que l'on s'habitue à refouler au plus profond du corps toutes les émotions pour ne pas ressentir les décharges végétatives qui vont avec.

Les femmes enceintes, non. Elles sont dans leur corps, elles sont leur corps. Leur système nerveux s'exprime, et réprimer ses manifestations, elles ne le peuvent pas. Et c'est mieux ainsi. S'il n'y avait pas de conflit, ce serait encore mieux, mais, puisqu'il y en a, bloquer leurs manifestations corporelles ne ferait que bloquer leur corps.

Réprimer les manifestations du corps, c'est raidir les muscles, établir des barrages en travers. L'énergie qui donne à notre corps son unité en animant chacun de nos organes, tous en mouvement eux aussi, circule depuis le moment de notre conception jusqu'à celui de notre mort. Notre organisme n'oublie jamais ses débuts, quand il était une petite boule minuscule, une sorte de mûre microscopique, la « morula », faite de cellules toutes pareilles, qui déjà pulsaient et respiraient. Pulser et respirer, c'est le propre de la vie. Aujourd'hui, les cellules sont par centaines de milliards dans ton corps, en train de pulser et respirer en rythme. Le rythme de tes cellules, c'est ce qui donne à ton corps son énergie. Comme le rythme des vagues donne sa puissance à l'océan.

Pour le moment, le rythme de ton bébé est le même que le tien. Bientôt, au quatrième mois de sa vie d'embryon, il va décider de son propre rythme, distinct du tien.

Pour une cellule, respirer c'est se gonfler et se rétracter, aspirer les liquides du corps et expirer en les rejetant. Toutes ensemble, celles des muscles et celles des organes, tes cellules font un mouvement vibratoire et rythmique incessant. Ainsi, ton corps et celui du bébé vibrent de mouvements infimes et puissants que tu ne perçois pas, et qui sont plus importants pour vous deux que ceux de la respiration ou de la circulation du sang, car ils sont à la base de la vie elle-même.

La pulsation de toutes nos cellules en harmonie nous procure une force énergétique fantastique. Cette force ne donne pas le besoin de s'agiter, on est seulement en accord avec tout son être, paisible et complètement vivant.

Parfois, au contraire, on se sent épuisé, le rythme brisé. « Le courant ne passe pas », dit-on entre deux personnes. Là, le courant ne passe pas littéralement à l'intérieur de nous-mêmes. Et d'ailleurs il ne passe pas davantage à l'extérieur où les gens et les choses nous semblent hostiles et sans intérêt. Notre tête est désaccordée avec notre corps, et nos bras, notre dos, nos jambes sont désaccordés entre eux, et notre corps tout entier est désaccordé avec le monde qui nous entoure. Tous les humains, tous les animaux, toutes les plantes, tous les êtres vivants ont un rythme vibratoire universel qui les réunit. A l'instant même d'un choc physique ou psychique, à l'instant d'un conflit, nos muscles se contractent. S'ils ne savent pas comment se relâcher, l'énergie, qui était fluide, se fige. Toujours en des endroits précis du corps. Concrètement, on peut voir et toucher les endroits où l'énergie s'accumule, comme solidifiée. Dans mon travail, j'ai souvent trouvé sous mes doigts ces zones que j'appelle des zones mortes. La peau, épaissie, est collée aux couches musculaires qui sont en dessous. Les fibres des muscles immobilisés sont raides et rétractées. Des œdèmes, de la cellulite s'installent, et souvent, dans les zones correspondantes, les organes sont congestionnés.

Ainsi la « culotte de cheval » n'est que le signe extérieur des blocages des muscles du haut des cuisses, du pelvis et du bas du dos. Toutes les crèmes amincissantes n'y peuvent rien. Dedans, dans la profondeur du bassin, les ovaires, l'utérus, les organes génitaux sont en état de souffrance, et souvent les femmes après avoir parlé de leurs tourments de surface, parlent aussi de leurs tourments profonds. Elles parlent de frigidité, et parfois de stérilité.

Je m'éloigne du sujet, ma douce ? Tu me connais, tu sais comment mon travail me suivait partout, autrefois. Et te poursuivait. A table, dans la cuisine, partout dans la maison, je continuais de te parler de ce qui me passionnait... Tu as raison, mon tournesol, revenons au sujet qui t'oriente tout entière.

Enfanter, mettre au monde est un acte intense. Une femme enceinte ne peut distraire une miette de son énergie en blocages. On perd une énergie considérable à maintenir les muscles en contraction. Bien sûr, personne n'est conscient de fournir des efforts. On se sent seulement épuisé ; à longueur de journées et d'années, l'organisme est en train de stocker de la fatigue dans les muscles. Pas dans tous les muscles, pourtant. Les muscles de l'arrière du corps ont un formidable pouvoir de rétraction. Ils ont d'ailleurs une formidable puissance, pour des raisons anatomiques et physiologiques précises dont j'ai bien l'intention de te parler bientôt, car elles sont en relation avec la manière dont est en train de se former ton embryon de bébé. Je te dirai comment la puissance de nos muscles de l'arrière, depuis la nuque jusqu'aux talons, fait notre force et, en même temps, notre faiblesse.

Nous retournons la puissance de notre dos contre nous-mêmes. Au lieu de faire marcher nos muscles pour notre bien-être, nous inversons leur potentiel et les tournons vers l'impotence.

Nous l'inversons au sens propre. Les reins cambrés, le pubis rétracté, dans une attitude de refus, certaines femmes, des hommes aussi, si on leur demande d'avancer le pubis, ne comprennent pas, avancent plutôt leur nombril. Ils creusent davantage leurs reins, et compriment leur sexe entre leurs jambes. Un organisme sain devrait pouvoir rapprocher avec aisance ces deux pôles originels : la bouche et le sexe.

Une femme qui accouche sans se faire violence rapproche ses deux ouvertures, celle du bas s'ouvrant toute grande, comme une « corne d'abondance », disait Françoise Dolto.

D'après Reich[1], « dans l'orgasme, l'organisme rapproche deux organes particulièrement importants au point de vue embryologique, la bouche et l'anus ». Pourquoi parler d'orgasme maintenant ? Parce que l'orgasme et l'accouchement sont de troublants et proches parents. Il y a quelques années, l'une de mes élèves m'a dit avoir ressenti pour la naissance de son premier-né une jouissance proche de l'orgasme.

Pendant l'orgasme et pendant l'accouchement, le corps est envahi de la même substance hormonale, l'ocytocine, libérée en grande quantité par le système nerveux. Les pulsations de l'orgasme vaginal préfigurent les pulsations – géantes – de l'utérus en train d'accoucher.

Dans l'orgasme, le plaisir vient par une excitation des faces latérales de l'hypothalamus. Et dans l'accouchement ? Où se trouve inscrite la mémoire de la peur ? Dans le corps tout entier, et c'est par lui qu'elle peut se dissoudre, entraînée dans le flux d'une pulsation tranquille, bien avant le moment d'accoucher.

*Mouvement de respiration n° 7, p. 145.*

1. Wilhelm Reich, *L'Analyse caractérielle*, Paris, Payot, 1971, p. 309.

# QUATRIÈME MOIS

**• 19 janvier**

La vie de femme enceinte a ses codes et ses passages qu'on lui dit obligés. A trois mois de grossesse, il y a encore une échographie : « *C'est la plus importante, car elle permet de repérer d'éventuelles malformations du fœtus* », m'a annoncé le médecin de la maternité. Quelle mère oserait s'en dispenser ? L'idée ne m'effleure même pas. Soumise mais fautive : le docteur B. râle contre ma crème « anti-vergetures », probablement l'inoffensive crème hydratante dont j'ai eu le malheur de m'enduire. « *Elle fait obstacle aux ondes, je ne vois rien. N'en mettez plus ! De toute façon, cela ne sert à rien.* » Le sermon porte. L'oubli de mes précieuses lunettes achève de me livrer, ventre et cœur liés, au verdict du médecin.

« Voilà le pied droit ! »

J'attends avec impatience le signalement du gauche.

« Décidément, cette crème ! je n'arrive pas à voir l'autre.

– ...

– Le voilà ! »

J'expire enfin l'air involontairement bloqué dans mes poumons.

Le docteur B. mesure tout ce qu'il voit : les os, le diamètre du crâne, l'ombilic... Tout semble parfaitement normal. Mes épaules commencent à descendre de mes oreilles.

« Le bassinet droit est deux fois plus gros que le gauche. »

Le rappel à l'ordre me fait l'effet d'un coup de poing dans l'estomac, mes épaules reprennent leur position haute, juste sous les oreilles.

« Ah bon ? ? ?

– …

– Le bassinet, c'est quoi ?

– C'est le rein.

– C'est grave ?

– Hum…

– C'est grave ? ?

– … pourrait se remettre tout seul », marmonne le docteur B.

Je hais ces phrases trop courtes, ces mots qui ne disent rien ou qui en disent trop.

J'ai juste droit à une dernière offrande, un classique de l'échographie du troisième mois :

« Vous voulez connaître le sexe ? »

J'échange un dernier regard avec le papa venu m'accompagner. Oui, c'est toujours oui.

« Fille, une grosse fille », lâche-t-il en griffonnant son rapport. « Le liquide amniotique est en léger excès. Vous devez manger trop de sucre », me réprimande-t-il.

J'ai l'impression d'être une affreuse gourmande irresponsable. Pourtant, le sucre, je ne l'aime pas.

« Ah bon ! alors c'est le métabolisme du sucre. »

Décidément, c'est sans appel. L'échographie n'est pas destinée à rassurer les mères. Je ferais mieux d'en prendre mon parti. J'articule un « au revoir, docteur » destiné à donner le change et m'enfuis vers la porte de sortie. L'ascenseur est en panne. Tant mieux, cela m'évite de voir mon visage dans le miroir : le nez rouge, la bouche tordue, les larmes qui dégringolent en cascade. J'enfouis le tout dans l'épaule du papa qui fait de son mieux pour avoir l'air fort. De retour à la maison, je me console avec le portrait en couleur de notre grosse fille. Petit nez retroussé, crâne tout rond. Elle est ravissante. Je t'aime, ma chérie.

THÉRÈSE Comme l'amour est vivace… Ta vue, isolée de tes autres sens, s'est brouillée, et tu n'as eu que les yeux pour pleurer. Ta vue, obligée d'être seule et de se mettre en avant, pour essayer de reconnaître un bébé méconnaissable, un pied par-ci, un sexe, un rein par-là, ne pouvait faire le lien entre ces représentations de morceaux de fœtus défilant en noir et blanc sur un écran, et ton bébé vivant. Alors tu consoles tes yeux avec un bout de papier, une abstraction de bébé. Les yeux des jeunes mères, et leur cœur, et leur cerveau sont décidément surdoués. Elles arrivent à donner corps à des plans de coupe, à des signes et des chiffres. Le travail de l'opérateur est inverse. Pas de corps. Il désincarne les corps. Lui, il s'applique à mettre correctement des croix dans les cases prévues. L'« organogenèse », c'est-à-dire la période de formation d'un embryon, n'est pour lui qu'une période de malformation potentielle. La malformation, c'est son truc ; il la traque et j'imagine sa fierté s'il a la chance d'en trouver une rare sur son écran, une « belle » qu'aucun de ses collègues n'a encore trouvée. Pour certains, le jeu de traque est une sorte de vidéo-game, un jeu solitaire d'où les femmes, qui n'en connaissent pas les règles et n'ont pas envie de jouer, sont exclues. Les erreurs ? Elles ne sont pas rares et parfois grosses, mais, comme dans un jeu, elles sont sans conséquences. Sauf pour les femmes, avec leurs larmes, leurs nuits sans sommeil et leurs angoisses à faire dérailler le corps et l'esprit. Une de mes élèves m'écrit d'Italie :

*Le 10 février, j'ai fait une échographie au terrible résultat : mon fœtus présentait une épaisseur cutanée au niveau de la nuque de dix millimètres, et ses fémurs étaient de mesure inférieure à la normale. Mon gynécologue m'a dit textuellement : « Très mauvais pronostic, il s'agit d'une anomalie chromosomique, avec des dommages encéphaliques gravissimes. Si le diagnostic est certain ? Mais oui ! A cinquante pour cent. » Cinq jours après, j'ai eu le résultat des dosages d'alfafœtoprotéines qui étaient parfaitement normaux ; aucun type d'anomalie n'était présent. L'amniosynthèse n'était même pas nécessaire, m'a-t-on dit. J'ai recommencé à espérer. Mais j'ai tout de même fait l'amniosynthèse et j'ai dû attendre encore vingt-deux*

> *jours pour avoir une réponse certaine et définitive. Je n'arrivais plus à desserrer mes mâchoires, j'ai cru mourir. Vingt-deux jours d'angoisse indicible. Finalement, le 16 mars, je suis allée à l'hôpital avec mon mari pour entendre : « Tout va bien, aucun signe d'anomalie chromosomique, c'est un petit garçon. » Le même jour, une échographie montrait les mesures anatomiques du fœtus parfaitement normales, aucune trace d'un quelconque épaississement de la nuque.*

« *C'est peut-être un miracle*, ajoute-t-elle. *Ou une erreur de la machine ?* » Car elle est toute tendresse, et ne peut concevoir une malfaisance humaine, même par incompétence.

Comment font-elles, ces femmes, pour continuer bravement, la peur au ventre, à mener à terme leur grossesse ? Elles ont un immense avantage : elles ont, elles, toute leur tête. Mais oui, on peut être expert en chiffrages, en codages, en décodages, on peut avoir une grosse tête, mais seulement une moitié de cerveau. Seul l'hémisphère gauche est développé, celui qui analyse froidement, segmente, convertit la réalité en abstraction. Je veux parler du cortex, notre cerveau spécifiquement humain, situé dans notre crâne au-dessus de l'archaïque, l'hypothalamus, et qui comporte deux hémisphères, un droit et un gauche.

La vision globale des êtres et des situations, les émotions, l'imagination, la musique, la chaleur humaine, c'est de l'autre côté, dans l'hémisphère droit. Celui-ci existe chez tous les humains, bien sûr ; depuis le début il était là avec toutes ses possibilités, mais il fallait lui permettre de se développer. Isolé, réprimé, privé de nourriture, le cerveau droit s'engourdit, dépérit. Il s'ensuit une déformation très courante, dès l'école primaire : une hypertrophie du cerveau chiffreur et classeur au détriment de l'autre, l'intuitif et le sensible. De plus, le cerveau chiffreur est aussi parleur. Si bien qu'il domine aisément. Il domine et nous réduit d'une moitié de notre être. Le centre du langage se trouve dans le cerveau gauche. Et c'est sans doute pourquoi la plupart des gens en proie à une émotion violente ne trouvent pas leurs mots, le lien entre leurs deux hémisphères ne se fait pas : l'un souffre et l'autre, étranger à la souffrance de son jumeau, ne peut le secourir en déchargeant en paroles cohérentes le trop-plein de douleur.

Maintenant, ma douce, laisse-moi t'apprendre ce que peut-être tu ne sais pas encore, et ce qui a mis en émoi récemment une partie de la communauté scientifique : les femmes ont la particularité de parler avec leur cerveau droit aussi bien qu'avec leur cerveau gauche. Oui, chez les femmes, le centre du langage se trouve dans leurs deux hémisphères [1]. Longtemps on a cru que le cerveau gauche avait l'exclusivité de la parole et que le droit était silencieux. Voici qu'il parle, c'est officiel, chez les femmes. Ce que ça change ? Le cerveau droit est en contact avec le corps ; sans lui, pas de conscience du corps et peu de perceptions corporelles. Si la parole des femmes est différente, c'est qu'elle vient d'ailleurs. Elle passe par leur corps, et par leur cœur. Et d'ailleurs, si tu écoutes bien, cela s'entend : leur parole est plus concrète, plus sensible.

Il faut que les femmes le sachent, les soumises, celles qui croient ne rien savoir, ne jamais rien comprendre, il faut qu'elles sachent qu'elles peuvent ressentir, et penser, et parler avec toute leur tête, car leurs deux hémisphères cérébraux sont en liaison directe avec leur corps tout entier. Le contact avec leur corps et la conscience de ce contact leur donnent leur stabilité et leur résistance. La sagesse, le réalisme et l'amour de la vie, elles l'ont de naissance.

*Mouvement des yeux n° 8, p. 146.*

**• 25 janvier**

Parler avec le cerveau droit, c'est formidable, mais aussi tellement moins reposant ! Une parole qui passe par le corps et le cœur, c'est la porte ouverte à toutes les questions sans réponse. Elles se bousculent, certaines formulées, d'autres à peine esquissées. Qui est cette femme ? Est-ce moi ? davantage moi ? moi comme je ne le savais pas ? Dégagée de l'emprise du

1. *Nature*, vol. 373, 16 février 1995.

monde, centrée, concentrée. A moins que ce ne soit moins moi. Une femme tournesol, dont le soleil est un ventre habité par un autre ? Femme en transit ou vais-je rester ainsi, autre, différente ? Même quand mon bébé sera né... La métamorphose n'est encore qu'une esquisse. Vu de profil, on voit un petit ventre comme si j'avais vraiment trop mangé. Vu de l'intérieur, ce sont deux cœurs qui battent la chamade. Parfois, je me demande si tout cela est bien normal. Pourquoi cette inquiétude qui ne me lâche plus depuis ce jour où la bande bleue est apparue dans la petite fenêtre ? Pourquoi ne suis-je pas comme la grosse Mathilde enceinte de six mois, rose et épanouie ? Ou comme Clara qui attend son troisième enfant, les deux premiers pendus à ses basques, mais le moral bloqué au beau fixe ? C'est vrai, il y a aussi Antoinette, enceinte de trois mois, qui cauchemarde toute les nuits. « *Elles, c'est elles, et toi, c'est toi,* me dit gentiment Martin pour me consoler. *Et puis qu'en sais-tu, peut-être Mathilde ne te dit pas tout...* » Peut-être. Parfois, j'ai l'impression que la grossesse est une tempête qui fait remonter des bouts de vie à la surface. Menaçants (?) icebergs flottant de-ci de-là. L'un de ces icebergs ressemble à une coïncidence : en est-ce vraiment une ? C'est une date : le 15 octobre. Celle que l'échographie a finalement fixée comme jour présumé de conception de mon bébé. Le 15 octobre pour moi est un dimanche, l'année de mes quatre ans. Ce jour-là, mon père est mort. Une balle près du cœur, tué « dans l'exercice de ses fonctions », ai-je entendu plus tard, quand j'ai eu l'âge des formules administratives. Sur le moment, je n'ai pas pleuré. Les jours qui ont suivi non plus. Mais après, oui. Souvent. Et encore maintenant. Les larmes montent, je ne les retiens pas. Quand je suis seule, je dis « papa », tout bas, parce que le mot aussi m'a manqué. Aujourd'hui, j'attends mon premier enfant et je l'ai « fabriqué » un 15 octobre. Jour anniversaire. Finalement, je crois que le hasard n'y est pour rien. La préméditation non plus : mon bébé fait partie des bébés désirés mais inattendus. Mon inconscient, puisque je ne saurais nommer d'autre responsable, a choisi de faire jaillir la vie à la place de la mort. Mais l'angoisse de la mort ne s'efface pas d'un élan de vie, si puissant soit-il. L'inquiétude demeure. La mienne prend peut-être sa source dans cette douleur d'enfance. Nous avons tous nos fantômes, parfois ce sont des anges gardiens. Donner vie à un être, c'est inévitablement retourner vers son passé, remonter à ses origines. Bien des naissances sont marquées par l'histoire émotionnelle des parents. Quand mon bébé parlera, il dira « papa » et cela me fera terriblement plaisir.

THÉRÈSE

Une souffrance est pire que toutes les autres : c'est de ne pouvoir protéger ceux qu'on aime de la souffrance ; je l'ai ressentie bien souvent. Et voici que toi, tu vas réussir. Mieux qu'une protection, ce sera une guérison. Ce qu'il m'est impossible de faire pour toi, tu le feras toi-même, je le sens.

# CINQUIÈME MOIS

**• 27 février**

On se marie.

**• 28 février**

On s'est marié. Mariage pluvieux, mariage heureux. Il a même neigé ! Pour ne pas avoir froid à l'église, j'avais un boléro en fourrure synthétique blanche acheté la veille chez Tati par maman. Je l'imagine courant partout pour trouver un truc chaud à me mettre. En y réfléchissant, c'était vraiment un mariage de guingois ! Touchant, mais confus. Pas du tout comme je l'aurais imaginé dans une rédaction : « Racontez le jour de votre mariage. »

Nous avions choisi une petite église orientale qui sentait l'encens. Le chœur était levantin : d'énormes ténors barbus chantant en arabe et en latin, mais le prêtre était belge, c'était l'oncle de Martin. En entrant dans l'église, tenant d'une main mon voile mal arrimé, de l'autre mon bouquet de mariée, mes jambes se sont mises à flageoler et mes yeux se sont brouillés. Je ne sais pas comment je suis arrivée à l'autel. Ni comment j'ai traversé la nef après la cérémonie. C'est l'air glacé de la rue qui m'a remis les idées en place. De toute façon, j'avais à faire : serrer des mains, embrasser des joues et retenir mon chignon dont les épingles glissaient une à une. C'était vraiment un drôle de mariage !

Quand, il y a un mois, Martin m'a dit : « On va se marier », j'ai hurlé. Tout l'immeuble a dû m'entendre. Même moi, je m'entendais et je me disais que j'étais folle. Pourquoi est-ce que je me mettais dans un état pareil pour un projet somme toute assez gentil et finalement plutôt banal, même si les statistiques disent que les Français se marient de moins en moins ? Je ne voulais pas me marier. Pas maintenant. Je ne voyais pas pourquoi attendre un bébé devait nous conduire au mariage. Martin, lui, voyait très bien. C'est un homme, les hommes ne portent pas les bébés dans leur ventre, ils ne les fabriquent pas. Ils ne font pas grand-chose en fait, jusqu'à ce que le bébé soit né. Alors comment peuvent-ils endosser leur rôle de père ? A leurs propres yeux, mais aussi aux yeux du monde ? Quand il ne s'agissait que d'amour à deux, il nous suffisait de nous dire que nous nous aimions, nous étions à égalité d'amour. Aujourd'hui, le bébé est là, mais il n'est qu'en moi. Pourtant, il est de nous deux. Je comprends le désarroi de Martin. Le mariage était son unique moyen de s'approprier notre bébé.

Il y a un mois, sa « demande » en mariage m'a retournée. Je trouvais qu'il exagérait : il n'avait pas le droit de me demander le mariage sous prétexte que j'étais enceinte. Je niais tout simplement son rôle dans l'affaire. Pour moi, les bébés, les enfants étaient l'affaire des femmes. Ma mère nous a élevés seule, mon frère et moi, depuis la mort de mon père, et aucun autre homme n'a eu son mot à dire sur mon éducation. Pourquoi aurais-je jugé légitime la prétention d'un homme, même aimé, même père de mon bébé, à partager la responsabilité de ce bébé ? Il m'a fallu du temps pour dire oui, sans crier non à l'intérieur.

Je ne regrette pas ce mariage en vitesse. Visages pâles, jaquettes gris souris et robe blanche taillée pour ventre rond. Le meilleur souvenir, c'est quand nous nous sommes retrouvés tout seuls le soir et que nous avons entrechoqué nos alliances en riant.

## • 1er mars

Il a bougé. J'étais tranquillement assise quand, tout à coup, je l'ai senti. Fugitif, presque imperceptible. Ce n'était pas un gargouillis de ventre affamé, c'était « lui », j'en suis sûre. Aussi sûre que s'il m'avait murmuré dans l'oreille. Était-ce sa main, son genoux, sa tête ? Je ne sais pas. Mais c'était lui. Pour la première fois. Lui et pas moi. Son premier signe. Nous étions deux, c'était certain. En signe de reconnaissance, j'ai posé mes deux mains sur ce petit corps enrobé de ma chair. Je suis sûre que c'est le début d'un merveilleux dialogue.

THÉRÈSE A dix-huit semaines, ton bébé a figure humaine, ses mains et ses pieds sont parfaits… Est-ce à dire qu'avant il n'avait pas figure humaine ? Avant, il a pris toutes les figures des ancêtres de notre humanité, et toutes leurs formes. Les deux premières cellules d'un être humain portent en elles la mémoire d'innombrables ancêtres aux formes changeantes. En neuf mois, la nature refait en accéléré son œuvre de cinq cents millions d'années de transformations. Le ventre des femmes est une planète qui refait indéfiniment le monde dans le secret de son océan miniature. Ton ravissant bébé est devenu poisson ; à quatre semaines de vie, avec son sac vitellin nourricier sur le ventre, il ressemblait à un jeune alevin. Avec des ébauches de membres, il a ressemblé aux créatures mi-aquatiques et mi-terriennes sorties de l'océan primitif, et pour le moment il est mammifère avec une sorte de fourrure duveteuse sur tout le corps, le lanugo… C'est sans doute à cause de ces troublantes métamorphoses que pendant des siècles on a hésité à reconnaître un fœtus comme appartenant à sa famille humaine, mais plutôt comme un être hybride, à moitié animal, à moitié créature sans âme.

Pourquoi te raconter cela qui ne ressemble pas aux histoires roses et bleues des nurseries pour bébés ? Pour te dire que, dans toutes les formes changeantes de ces corps transformés depuis la nuit des temps, il y a une pièce maîtresse de leur structure qui est restée inchangée, ou à peine : la colonne vertébrale et ses muscles. Tu dois compter avec ce couple pour donner naissance à ton bébé ; il est plus ancien que le cerveau, plus ancien que les membres, plus ancien que le sexe. Premier formé dans notre histoire de vertébrés, et premier dans notre histoire individuelle.

La colonne et ses muscles se sont dessinés en priorité dans le corps de ton embryon de bébé. Il avait trois semaines, il était une petite boule de cellules toutes pareilles, rien ne laissait deviner celles qui deviendraient le crâne ou la peau ou les organes, et la chorde s'est formée. La chorde, c'est un minuscule cordon de cellules devenues différentes des autres et qui a tout changé. On peut dire que la chorde a pris le pouvoir et modifié profondément toute l'organisation de ce petit corps. Elle lui a donné un axe, celui de la future colonne vertébrale, elle a incité les autres cellules à se « différencier ». Certaines se sont rangées le long de l'axe sous forme d'un minuscule tube : c'était une ébauche de système nerveux. D'autres cellules se sont rangées, en petits blocs symétriques, de chaque côté de l'axe vertébral : c'étaient les futures vertèbres et leurs futurs muscles.

J'insiste sur cette particularité de la formation de ton bébé parce qu'elle te fait comprendre ta propre organisation musculaire : comment tu es faite, et comment tu bouges, et comment tu peux toi-même porter un bébé, et le faire naître, avec naturel. La nature est très cohérente, il suffit de relier entre elles les informations qu'elle nous donne à voir.

Ainsi, depuis nos débuts d'embryon et pour toute la vie, nous sommes sous influence, celle de muscles bien précis que pourtant la plupart des gens peuvent à peine situer. De chaque côté de notre colonne des paquets de muscles réunis en faisceaux serrés s'attachent de la tête à la queue. D'accord, nous avons perdu notre queue d'embryon, mais qu'à cela ne tienne, les muscles passent sur les jambes et continuent de courir tout le long du corps, de la tête aux pieds. Ils semblent ignorer que nous avons des jambes et continuent de faire bloc d'un bout à l'autre, comme si nous étions des poissons ou des reptiles. Ces muscles d'origine, habitués au pouvoir, ne le lâchent jamais.

Ils dominent constamment, ils déterminent la forme de notre corps, son équilibre, son bien-être, la qualité et la force de ses mouvements. La chorde, tu t'en souviens, détermine l'axe de l'embryon de la tête à la queue. Elle détermine aussi l'axe antéro-postérieur, c'est-à-dire qu'elle installe une ligne de partage entre l'avant et l'arrière du corps. Nous sommes ainsi faits de deux moitiés, et ces deux moitiés de nous-mêmes, faute de se connaître, se font la guerre. C'est nous qui le voulons ainsi, parce que nous ne savons pas ce que nous avons sur le dos. Demande à n'importe quelle personne souffrant du dos les raisons de son mal, elle te dira : « Parce que j'ai le dos faible. » Personne n'a le dos faible, aucun vertébré, aucun mammifère, fût-il humain. Dans le dos, de la nuque aux talons, nous avons notre héritage, une force brute, primitive, une force surhumaine pour ainsi dire, venue des premiers vertébrés. Nous l'avons tous sans exception ; les plus fragiles d'apparence ont en réalité une coriacité surprenante, je l'ai éprouvé bien souvent sous mes doigts en travaillant. Alors pourquoi ça fait mal ? Parce que c'est trop fort, justement. Trop fort par rapport au reste de la musculature. Le reste, c'est quoi ? Notre devanture, le devant du corps, notre moitié plus moderne, plus tendre et vulnérable, celle que nous exposons devant nous depuis qu'elle n'est plus à l'abri entre quatre pattes et que nous sommes dressés sur nos deux pieds : la gorge, la poitrine, le ventre, le devant des cuisses. Le devant a des muscles différents, moins nombreux que les primitifs dont je viens de parler. Les primitifs, nombreux, fibreux, serrés, organisés tout d'une pièce d'un bout à l'autre du corps sont toujours en train de se contracter. Tout leur est prétexte à contraction, le moindre de nos mouvements, la moindre de nos émotions. Ils se contractent jusqu'à la fatigue, jusqu'à l'épuisement. Les gens s'imaginent que les muscles de leur dos sont faibles : s'ils pouvaient voir les nœuds dans leur nuque, entre leurs épaules, dans leurs reins, l'intensité des contractures !... Mais voir, c'est justement ce qu'ils ne peuvent faire, leurs yeux sont tournés vers l'avant, et s'ils baissent le nez ils ne voient que leur ventre, le devant de leurs cuisses, qu'ils trouvent mous. Ils en concluent que l'ensemble des muscles de leur corps est mou. Tu vois l'erreur ? Pathétique.

Si le ventre est mou, c'est que de l'autre côté les reins sont durs. Les lois de la physiologie interdisent toute action à un muscle tant que son « antagoniste » se contracte. Les antagonistes des abdominaux sont les muscles lombaires. Ainsi les muscles du ventre ne peuvent travailler tant que ceux des reins sont contractés. Et si les muscles des reins se contractent, leurs fibres se raccourcissent, compressent les vertèbres et déforment le corps. Les reins sont creusés, et le ventre, en avant, bâille (cf. dessin).

Pour mettre au monde un enfant, pour le porter dans son ventre, il faut l'accord des deux parties, l'archaïque et la moderne, l'arrière et l'avant. Il faut réconcilier la force et la faiblesse. Mais non, ce n'est pas compliqué. Être enceinte fait la musculature plus souple et les pensées moins rigides. Les hormones spécifiques destinées à assouplir le corps assouplissent aussi l'esprit.

Je suis navrée de voir ce que les femmes enceintes se croient parfois obligées de faire pour leur bien : respiration, lever les bras, battements des jambes, cuisses écartées, genoux pliés, accroupies, debout, penchées. Quel manque de respect pour leur structure musculaire, pour l'intelligence de leur corps !

Une seule chose est à faire : permettre aux muscles dominants de s'allonger. S'ils s'allongent, tu as les lois de la physiologie en ta faveur. S'ils s'allongent, ils ne peuvent plus se contracter, n'est-ce pas ? Ils sont inhibés. Au même instant, leurs antagonistes se contractent. C'est ainsi que, sans transpirer, sans t'acharner, sans t'abêtir, tu peux tonifier les muscles de ton ventre. Tu n'as pas compris ? Si les reins sont contractés, le ventre ne peut travailler. Si les muscles lombaires sont inhibés, les muscles du ventre peuvent travailler. C'est un jeu subtil de tous les muscles de ton corps qui obéissent aux lois physiologiques intemporelles de la nature. Et pas aux balivernes d'une mode du moment.

Comment permettre aux muscles des lombes, des épaules, de la nuque, à tous les dominants de l'arrière de s'allonger ? En éveillant leur intelligence. Comme ils sont tous solidaires d'un bout à l'autre, tu peux choisir de les travailler en un point précis, ils répondront tous à l'appel. Tu peux les convaincre de s'allonger derrière les cuisses, par exemple, ou à la nuque, ou même sous les pieds. Les informations circulent très vite et par les muscles de tes pieds tu peux allonger les muscles de ta nuque ; par l'arrière de tes cuisses, tu peux allonger ta région lombaire. Tu donnes à tes muscles un contact ferme et rassurant avec une de ces petites balles que j'utilise dans mon travail. Tu commences avec le côté droit de ton corps ; ainsi ton cerveau gauche – qui commande ton côté droit – s'habitue lui aussi à percevoir les sensations de ton corps.

Tu ne fais pas seulement travailler les muscles de ton ventre, tu fais bien davantage. Tu fais s'unir toutes les fibres de ta musculature, afin qu'elle travaille pour toi et non pas contre toi. Tu libères ta respiration, car le diaphragme est intimement lié aux muscles du dos, je t'en parlerai bientôt. Tu as la grâce naturelle de tous tes gestes, et la forme parfaite de ton corps.

*Mouvement n° 9, p. 147.*

# SIXIÈME MOIS

**• 25 mars**

Aujourd'hui, c'est mon anniversaire, j'ai trente ans. Mais je pourrais en avoir cinq, ou six ou encore moins. Ma perception des choses est retombée en enfance, peut-être même en toute petite enfance. Quand une odeur aimée, rassurante comme celle de ma mère, dilatait mes narines de plaisir. Quand la chaleur me faisait suffoquer, quand un courant d'air froid me glaçait le corps et un bruit me faisait sursauter. Mes sens tout neufs de bébé avaient une acuité que j'ai vite perdue. En grandissant, ils se sont émoussés, policés, éduqués. La vie en société m'a fait comprendre que toucher était sale, renifler malpoli. Trop primaire. J'ai appris à regarder. La vue, sens de la raison, est devenue mon sens dominant.

Mais voilà que mon état de femme enceinte balaie trente ans d'apprentissage de bon usage des sens. Je me prends à humer, flairer. Plaisir et déplaisir mêlés, certaines odeurs m'extasient, d'autres me dégoûtent. Mon odorat est désormais mon guide, c'est lui et non ma vue qui me renseigne, me réconforte ou me déboussole. Quand je regarde, c'est sans voir ; d'ailleurs ma vue baisse, comme si mes yeux ne voulaient pas aller plus loin que mon ventre. Mes oreilles sont devenues exigeantes. Elles ne supportent plus les sons trop forts. Est-ce parce que je sais que je ne suis plus seule à entendre ? Mon bébé a déjà l'oreille fine, il réagit aux sons violents, gigotant comme un beau diable. Mon sens du goût aussi est devenu étrangement sélectif. J'adore certains aliments, surtout les fruits frais, d'autres me révulsent.

Quand je mange, je pense à mon hôte. La saveur de ma nourriture passe dans le liquide amniotique qu'il suce, avale et inspire. Son goût est en train de se former, il apprend à connaître et à aimer ce que j'aime.

THÉRÈSE On dit parfois des femmes enceintes qu'elles régressent ; tant mieux si régresser c'est aller à rebours dans le temps de sa vie, et retrouver la vivacité de ses sens. La naissance d'un bébé est une nouvelle naissance pour sa mère, une co-naissance. On a vu des mères dépressives, malades, les yeux dans les yeux de leur nourrisson reprendre vie. En fait, tous les nouveau-nés sont capables d'ouvrir pour leur mère des espaces en elle-même endormis, où elle n'avait jamais eu accès.

Retrouver des sens différents, plus vifs, c'est pour les femmes une préparation à la naissance qui vient de l'intérieur, enseignée par leur propre corps, dictée par leur système nerveux. C'est la préparation la plus naturelle de toutes, mais si discrète que parfois on n'en reconnaît pas les signes menus, fragiles. On n'en trouve la description dans aucun manuel d'obstétrique. Certaines femmes, si elles les perçoivent, en sont embarrassées, et prennent pour des non-sens ces messages précis de leurs sens.

La nature qui fait tant et tant pour créer de la vie, qui organise si bien la fusion des deux premières cellules mâle et femelle, la sécrétion de toutes les substances vitales pour l'embryon, ses transformations, sa maturité, tout cela si méticuleusement, veut faire davantage. Elle place dans le corps des femmes une sécurité de plus, une protection. Elle modifie leurs perceptions sensorielles, émotionnelles pour mûrir en douceur le projet d'enfant. Ceci nous vient sans doute de très loin, des premiers temps de l'humanité. Il fallait être sur ses gardes, avoir son instinct de survie, tous ses sens bien affûtés. Un bruit de feuilles froissées pouvait annoncer un prédateur, il fallait avoir l'oreille fine ; et aussi le nez pour ne pas s'empoisonner avec une herbe de la forêt, et du même coup anéantir toute la descendance à venir ; le toucher des pattes rugueuses, il le fallait plus délicat pour enlacer le petit quand il viendrait se blottir. Si tu sens que ta vue « baisse », c'est sans doute une protection archaïque pour t'obliger à limiter tes pas. Tu n'as plus besoin de courir la forêt pour chasser ta nourriture, et tu n'as donc plus à limiter ton regard pour limiter tes déplacements. Les humaines n'ont plus à mettre bas au fond d'une grotte et leurs nouveau-nés ne risquent plus d'être dévorés par des bêtes carnassières ; la nourriture qu'elles achètent au supermarché est en principe non toxique, elles n'ont qu'à lire les étiquettes et n'ont plus besoin de leur odorat. Pourtant, il nous reste au fond du corps cette montée des sens, plus agiles à mesure que l'on devient moins mobile.

Il ne faut pas regretter cet archaïsme. Si la vue est moins perçante, le regard se fait plus caressant. Moins totalitaire, la vue cède de son écrasante puissance (quatre-vingts pour cent de nos perceptions sensorielles sont habituellement des perceptions visuelles) aux autres sens. A l'ouïe, par exemple. L'oreille plus fine fait la voix plus chaude. Les vibrations des voix, de la musique, te parviennent entières, et non pas amputées d'une partie de leurs modulations comme elles le sont pour la plupart des gens. Ces vibrations stimulent ton système nerveux, te donnent de l'énergie. Les modulations que ton oreille perçoit, ta voix peut souplement les reproduire. Ta voix change en ce moment, ton bébé l'entend à travers son liquide amniotique, chaude et tranquille, elle le berce et lui fait du bien. Souvent les femmes enceintes ont une voix plus riche et certaines cantatrices l'ont plus somptueuse que jamais quand elles sont enceintes. C'est une question d'oreille plus alerte et de port de tête plus élégant.

Le sens du toucher, nous l'avons sur le corps entier, et pas seulement à la pointe des doigts comme on le croit. L'organe du toucher nous entoure entièrement, partout où notre peau vit et respire. Enceinte, une femme a souvent la peau éclatante, comme le signe extérieur de la santé de son sens du toucher. Ton enveloppe de peau se fait soyeuse pour calmer les nostalgies de ton bébé à peine né, sevré de la tiédeur de son univers liquide. Elle se fait plus réceptive aux vibrations sonores qui t'entourent. Ta peau écoute et entend.

Notre voix n'est pas seulement une émission de nos cordes

vocales, mais une émission de notre corps tout entier. On dit que les yeux sont le miroir de l'âme. Notre voix nous traduit et nous trahit, corps et âme. Elle laisse entendre nos états d'âme – pas seulement nos émotions du moment, mais celles profondes qui forment notre caractère – et l'état de notre corps. Si certaines zones du corps sont raides, bloquées, elles ne peuvent vibrer au son de notre voix. Certaines personnes ne peuvent parler qu'entre leurs dents, et d'autres ne parlent que dans leur gorge ; le son de leur voix s'arrête là, aucune autre partie de leur corps ne fait écho. Mais si les muscles de ton dos – les dominants – sont souples, ta voix vibre tout le long de ta colonne vertébrale et fait chanter ton corps tout entier. Le dos, le ventre, le cou, le diaphragme, le visage, le cœur, le sexe : chacune des parties de notre corps peut chanter comme chantent ensemble tous les instruments d'un orchestre. Pourquoi la voix des femmes enceintes est-elle différente ? Parce que la position de leur colonne vertébrale se modifie. Les muscles de l'arrière du corps sont solidaires, souviens-toi. De la nuque aux talons ils réagissent comme un seul grand muscle. Quand tu es enceinte, tes reins se creusent, et ton ventre irrésistiblement se met en avant. Les muscles de ton dos et de ta région lombaire sont pratiquement les seuls à promouvoir le bébé ; enceinte ou pas, c'est leur nature de toujours vouloir intervenir dans tous nos mouvements. Ainsi, ils se contractent particulièrement au creux des reins. Cette contraction en bas du dos a l'avantage de libérer la nuque de ses contractions habituelles. Si la nuque n'est plus contractée, elle peut s'allonger. Ainsi, elle s'allonge et quelle chance pour ta voix ! Ton larynx, qui n'est plus poussé vers l'avant, peut s'approcher de ta colonne cervicale, et le son de tes cordes vocales fait vibrer tes vertèbres et ton corps tout entier, aussi loin que la souplesse de tes muscles le permet.

De toute sa peau, de toutes ses oreilles, ton bébé est à l'écoute des vibrations bienfaisantes de ta voix ; elle nourrit son système nerveux, son cerveau, ses sens et sa mémoire autant que les substances du placenta.

*Mouvement n° 10, nuque et voix, p. 148.*

**• 2 avril**

C'est dimanche. Assise sous un cerisier, je lève la tête, le ciel est bleu, le vent balance doucement les branches de l'arbre. L'air est frais. Mon ventre rond et dur bombe sous mon tee-shirt. Depuis quelques jours, tout a changé. J'avais les yeux et le nez collés contre mon hublot ventral, mon regard butant sans cesse sur mon mur d'enceinte, ma fortification maternelle. Je sens que je commence à prendre du large. Je m'imagine passage, sentier herbu, rivière poissonneuse, océan amniotique. Il va sortir, cela devient une plaisante certitude. Je me lève, ma tête frôle les branches les plus basses. C'est une incroyable expédition.

**• 4 avril**

Accouchement. Au figuré, cela donne « élaboration pénible, difficile » dit le Robert. Au propre, cela donne quoi ? Je lis les pages « préparation à l'accouchement » des guides de la grossesse. Mes yeux sautent d'une méthode à l'autre : sophrologie, yoga, haptonomie, piscine, chant, accouchement sans douleur. Il y en a pour tous les goûts. A se demander si c'est une méthode ou une femme qui accouche !

Peut-être me faut-il aller plus loin que ces quelques lignes parcourues sans y croire ? Je me suis inscrite aux cours de préparation à l'accouchement organisés par la maternité. Cours numéro un aujourd'hui. Je tente les exercices de « relaxation » : serrez-relâchez ! serrez-relâchez ! L'odeur de sueur et de moisi qui sort des tapis de sol me rappelle les cours de gym de l'école. Puis nous avons un cours théorique sur l'accouchement. C'est une femme médecin qui dispense la leçon. Nous nous asseyons sur des chaises disposées en rond. Je fais des efforts pour rester concentrée, en vain. Est-ce le baigneur désarticulé que le médecin fait cheminer dans un vieil os de bassin qui trouble ma compréhension ? A moins que ce ne soit les autres femmes. Certaines ont déjà un ventre énorme, je vois bien qu'elles ont du mal à tenir assises sur leurs chaises d'écolière. Elles n'arrêtent pas de remuer. Certaines lèvent le doigt pour poser une question. « *Comment peut-on être sûre qu'on a le bassin assez large pour laisser passer son bébé ? Que faut-il faire si on perd les eaux ? Est-ce qu'on peut amener de la musique dans la salle d'accouchement ?* » Je suis soulagée d'entendre que je ne suis pas seule à patauger. Le cours fini, j'aurais bien voulu bavarder avec mes « collègues », mais tout le monde s'en va très vite. C'est dommage.

THÉRÈSE

Est-ce une femme ou une méthode qui accouche ? Une femme, bien sûr, une femme en ce moment toute de rouge vêtue. Une femme douce et flamboyante avec un port de tête superbe. Une femme avec ses questions et ses doutes, plus authentiques et plus rassurants qu'un optimisme de commande, avec, sous la surface, l'angoisse qui serait en train de silencieusement s'enfoncer.

Quelque chose change en toi, en moi, entre nous. Je pense à ce jour où, pour la toute première fois, bien plantée sur tes mollets de bébé, tu as lâché ma main. Était-ce pour tes douze ou quinze mois, je ne me souviens plus, mais je me rappelle tes cris de triomphe, et mon étonnement. J'ai le sentiment qu'une force irrésistible vous porte, toi et l'enfant. Tu lâches ma main, quelque chose nous arrive, nous sommes proches, mais ce que je pouvais te donner, tu l'as maintenant en toi pour toujours. Ton unité est en train de se faire, et, avec elle, ton autonomie. Et si l'autonomie n'était rien d'autre que pouvoir rassembler son être ? Accorder le passé qui nous tire en arrière et le présent pour y être bien d'aplomb sur les jambes. Accorder les deux moitiés de sa musculature : l'archaïque que nous avons sur le dos et l'autre que nous avons devant, et qui ne semble pas finie, mais qui porte nos précieuses ouvertures sur le monde. Les yeux, la bouche, les narines qui sont capables de prendre et de donner, d'émettre et de recevoir, et les oreilles qui reçoivent seulement, mais qui sont capables de se fermer, de ne plus accepter d'entendre. Et si l'autonomie, c'était aussi pouvoir émettre et recevoir sans avoir peur de ce qu'on porte en soi, et sans craindre de se blesser ?

Donner naissance, c'est aussi émettre, mettre au monde un être vivant, le sortir depuis le fond de son corps. On n'accouche pas seulement avec l'utérus et le sexe, on accouche avec les yeux. Les pulsations de notre énergie viennent du sommet du corps. Les yeux, les oreilles, le nez, la bouche, le cou, le diaphragme, le ventre, le pelvis, autant de niveaux où l'énergie trouve son chemin ; et ces pulsations douces et continuelles donnent elles-mêmes à ton corps son rythme naturel de contraction et de décontraction.

Mais les niveaux sont parfois des pièges pour l'énergie qui s'y épuise ; le premier des pièges se trouve au niveau des yeux. Les muscles, les nerfs, les tissus des yeux sont raidis, incapables d'accepter les vibrations de notre propre énergie. C'est une vieille histoire qui souvent a commencé à l'instant de notre venue au monde. On vient au monde la tête la première, ou plutôt, c'est le monde qui nous arrive en pleine figure, après neuf mois de plongée dans un clair-obscur paisible. Nous en avons été aveuglés, assourdis et pourtant nous avons réussi. Certaines personnes semblent encore ne pas y croire, elles continuent d'avoir peur de tous les passages, toutes les rencontres, et semblent toujours de l'autre côté, en train d'attendre pour leur vie entière que quelque chose leur arrive, que quelqu'un les délivre.

Un fœtus de vingt-huit semaines peut déjà ouvrir ses paupières ; plus tard, au moment de naître, le nouveau-né les serre bien fort pour se protéger. On a prétendu longtemps que les bébés naissaient aveugles ; ils sont aveuglés par les éclairages des salles d'accouchement, mais pas aveugles.

Certaines personnes, leurs yeux maintenant ouverts sur le monde, le refusent ; elles regardent mais sans voir. Seule une imperceptible rigidité du front, des tempes, des paupières montre une inhibition de leurs muscles et une souffrance si enfouie qu'elle n'est jamais venue à leur conscience. Quelle souffrance ? Pas seulement celle d'en avoir pris plein la vue dès le début, mais aussi la manière dont elles ont été accueillies, et celle dont elles ont été regardées, allaitées. Leurs yeux sont fixés sur un passé qui ferait mal s'il venait à remuer. Remuer les yeux fait bouger toutes sortes de souffrances de la petite enfance. On n'a pas besoin d'en être conscient, notre système nerveux veille, nous commande d'avoir à nous tenir fixes pour n'avoir pas à souffrir. Mais, du même coup, la fixité nous empêche de faire les premiers mouvements qui pourraient nous guérir.

Pour une femme enceinte, le travail des yeux est aussi important que celui du bassin. Si les yeux ne sont pas libres de leurs mouvements, les niveaux au-dessous sont privés de leur énergie : le ventre et le pelvis ne sont pas libres de leurs mouvements.

A l'inverse, si le bas du corps est brusquement vidé de son énergie, le haut se met à souffrir. Il y a quelques années, un ami psychiatre me faisait remarquer que les états dépressifs après la naissance étaient plus fréquents chez les femmes ayant accouché par péridurale. Un relâchement artificiel et brutal du petit bassin fait basculer l'équilibre énergétique. L'énergie remonte soudainement vers le sommet du corps qui, débordé, n'arrive plus à gérer le désordre. La dépression qui touche le psychisme touche le corps, et de près, puisque le sommet de la tête est douloureux au toucher ; si l'on est déprimé, le tour des yeux et des tempes est comme engorgé, induré.

« Je vois, je vois », disons-nous tout le temps et à tout propos. Voire ! Un tiers de nos voies nerveuses sont pourtant destinées aux yeux, mais, peut-être à cause de leur extrême sensibilité, ils sont le plus souvent privés de mobilité. Les mouvements que je propose sont très simples, ils ne peuvent absolument pas faire de mal. Si l'on sent ses yeux humides, ce ne peut être que de vieilles larmes, refroidies depuis longtemps au bord des paupières, devenues caduques et sans cause. Mieux vaut les laisser couler et laisser couler paisiblement le flot de son énergie qui entraîne avec lui les raideurs et les douleurs que l'on a en travers du corps.

Au moment d'accoucher, tes yeux seront bien ouverts ; ton corps sera comme un arc dont la corde serait ton regard tendu en droite ligne de tes yeux à ton pelvis.

*Mouvement des yeux n° 11, p. 149.*

**• 5 avril**

Les femmes qui viennent d'accoucher parlent souvent de leur médecin obstétricien, rarement de leur sage-femme. L'imagerie populaire les place au cœur de la naissance, la réalité semble désormais tout autre. Celles que j'ai croisées, dispensant des cours de préparation à l'accouchement, ne m'ayant guère éclairée sur leur rôle, « sage-femme » était pour moi un joli mot, pas beaucoup plus. Jusqu'à ce que je rencontre Paule Brung, ce matin. Cette petite femme à la soixantaine alerte et chaleureuse m'a tout de suite captivée.

PAULE

MA RENCONTRE AVEC L'ANTI-GYMNASTIQUE

Je ne savais pas que Thérèse avait une fille. Lorsque j'ai rencontré Marie, j'ai été frappée par leur ressemblance. Elles ont le même regard, le même air gentil et décidé. Les relations mère-fille me touchent profondément. Mon métier est toujours une histoire de mère et de fille. Donner naissance à un enfant, c'est devenir mère, mais c'est aussi redevenir la fille de sa mère. Toutes les femmes accouchent en pensant à leur mère. Parfois c'est une force, parfois c'est une entrave. Tout dépend des relations entre la mère et la fille. Marie et Thérèse sont très proches, mais aussi très pudiques, très respectueuses l'une de l'autre.

J'ai rencontré Thérèse au début des années quatre-vingt. Une sage-femme de la maternité où je travaillais avait découvert *Le corps a ses raisons*, son premier livre. Elle l'avait fait lire à toute notre équipe. Nous avions tout de suite eu envie de rencontrer Thérèse, de lui parler. D'enthousiasme en démarches, nous sommes arrivées à la joindre et à participer à ses groupes. Au départ, c'était pour notre bien-être personnel, mais très vite nous nous sommes demandé si nous ne pourrions pas intégrer certaines de ses connaissances à notre travail de sage-femme dans la préparation de l'accouchement et en salle de naissance. Nous nous sommes mises à refaire ensemble ce que Thérèse nous avait enseigné dans ses groupes.

De notre petit cercle de sages-femmes, j'étais peut-être celle qui se montrait la plus réservée, jusqu'au moment où, pendant une séance, Thérèse nous demanda, allongées sur le sol, de bien poser notre colonne, vertèbre après vertèbre, depuis la nuque jusqu'au coccyx... Elle attirait notre attention sur notre bassin, sur ce que pouvait être ce mouvement du bassin, comment nous le sentions et, là, j'ai tout de suite compris que ce travail pouvait apporter beaucoup aux femmes que je préparais et que j'aidais à accoucher. A la maternité, j'ai commencé à faire bande à part, abandonnant une partie des cours classiques de préparation à l'accouchement qui ne me plaisaient plus tellement. J'ai travaillé le relâchement des yeux, de la langue, du menton, de la tête, comme Thérèse nous l'avait montré. Je sentais les femmes beaucoup plus détendues. A l'époque, c'était surtout cela que je recherchais : détendre et supprimer la peur. Puis, un jour, j'ai réalisé que l'anti-gymnastique pouvait faire encore plus que supprimer la peur : faciliter l'accouchement. Je me suis mise à réfléchir au trajet du bébé en train de naître, à cet étroit chemin qui le mène au monde. Je me suis rendu compte que l'obstétrique classique avait minutieusement décrit tous les aspects du parcours, les obstacles musculaires et osseux à franchir, mais qu'elle ne les avait jamais observés ensemble, elle n'avait pas compris comment ils interagissaient entre eux. C'est ce que j'ai fait à la lumière de ce que Thérèse m'avait enseigné et j'ai compris qu'il y avait un moyen de rendre au bébé le trajet plus direct, moins tortueux. J'ai commencé à donner quelques indications en ce sens à mes patientes. Très vite, je me suis aperçue que les accouchements étaient plus rapides, cela m'a passionnée et encouragée. J'ai examiné les femmes et constaté que leur bébé plongeait vraiment très bien dans leur bassin. J'étais sur la bonne voie. J'ai ensuite travaillé sur le souffle, abandonnant totalement les exercices respiratoires classiques. Les naissances sont devenues vraiment faciles et si belles... Le chef de service était intéressé. Je suis devenue la sage-femme des accouchements sans histoire. Les épisiotomies se raréfiaient, les forceps étaient l'exception, il n'y avait pas de césarienne pour anomalie d'engagement ou de dilatation. De temps en temps, en passant dans le couloir, on jetait un œil à travers la porte, peut-être intrigué par le calme qui régnait dans la salle, et puis on repartait en murmurant : « Formidable ! » Peu à peu, les étudiants en médecine se sont passé le mot : les gardes avec Paule ne sont pas intéressantes. Il n'y a jamais rien à y apprendre, ni épisiotomie à recoudre, ni forceps à poser, aucune complication pour s'exercer ! On disait : « Paule, c'est une artiste ! » Je sentais une pointe d'admiration mais surtout pas mal d'incompréhension.

**• 6 avril**

Pourquoi Paule a-t-elle choisi d'être sage-femme ? Est-ce grâce à cette vieille voisine et amie qui, lui prenant les mains, lui a déclaré : « Tu as des mains de sage-femme » ? Paule avait cinq ans ! C'était il y a plus de cinquante ans. A cette époque, les garçons naissaient encore dans les choux et les filles dans les roses. Quand Paule a demandé ce qu'était une sage-femme, sa mère a remis l'explication à plus tard : « Quand tu seras grande, on t'expliquera... ! » La question sans réponse la tarabusta longtemps. A dix-huit ans, attirée par la médecine, elle fit un stage dans un petit hôpital de province. Elle voulait faire le point et pouvoir choisir quelle branche médicale ou paramédicale allait l'intéresser le plus. C'est là que Paule a vu son premier accouchement. Il n'y avait pas de salle réservée à la naissance ni de sage-femme : l'interne assurait la garde de tous les services et faisait les accouchements tout seul. C'est pourtant là que Paule a pris sa décision : elle serait sage-femme. A dix-neuf ans, elle entre à l'école de sage-femme de Bordeaux. Ses études terminées, elle monte à Paris, où elle travaille en clinique privée. En ce temps-là, les sages-femmes faisaient tous les accouchements. Elles n'appelaient le médecin que pour les interventions. Paule suivait le rythme cardiaque du bébé au stéthoscope – il n'y avait pas de monitoring – et contrôlait à la main et à la montre, l'intensité et la durée des contractions.

« *Les accouchements étaient très longs, ils pouvaient durer deux ou trois jours*, m'a raconté Paule, *les sages-femmes commençaient à employer des moyens chimiques comme l'ocytocine pour accélérer les contractions et les antispasmodiques pour ramollir le col ; nous encouragions les femmes, nous les entourions, les berçant de paroles apaisantes.* »

Dans certaines cliniques privées, dont celle où Paule travaillait, les sages-femmes devaient même tout faire : les accouchements et les suites de couches, les mères se levaient au huitième jour pour repartir le dixième. Paule raconte qu'elle s'occupait aussi de la toilette des bébés et des tétées ; il lui arrivait même de servir les repas aux accouchées. Peu à peu, les maternités se sont améliorées, explique Paule : des puéricultrices, des aides-soignantes, des infirmières sont venues se joindre aux sages-femmes, selon l'importance des services.

Et puis, un jour, à la fin des années cinquante, on a parlé de la méthode psychoprophylactique, qu'on rebaptisa très vite l'« accouchement sans douleur ». En 1952, le docteur Lamaze, chef du service maternité de la Maison de santé des métallurgistes, où Paule travaillait à l'époque, était allé en URSS où il avait vu des femmes soviétiques accoucher en silence, sans aucun cri et apparemment sans douleur. Pour l'époque, c'était révolutionnaire. C'est d'ailleurs bien le mot : cette méthode, inspirée de la théorie des réflexes conditionnés décrite par Ivan Pavlov, faisait table rase du passé. En URSS, une nouvelle vie commençait et les lendemains chantaient. Les femmes avaient le droit d'avorter et le devoir d'accoucher sans crier. On disait que les « bigotes » qui accouchaient en hurlant étaient à mettre au panier. Les douleurs de l'enfantement étaient une invention ancestrale pour maintenir les femmes en état d'oppression.

Le docteur Lamaze a été fasciné : dès son retour à Paris, il enseigna la méthode de l'accouchement psychoprophylactique. Elle consistait tout d'abord, et c'était la première fois que cela se faisait, à raconter aux femmes ce qui se passait pendant la grossesse et l'accouchement. Au fur et à mesure du travail, on leur expliquait l'effacement du col, la dilatation, l'engagement du bébé. C'était un bon moyen d'atténuer leur peur. On leur enseignait à respirer d'une certaine manière, rapide et superficielle, comme un « petit chien ». On leur montrait aussi comment étaient faits leurs organes génitaux – ce qui irrita de nombreux gynécologues. Les femmes devaient beaucoup se préparer, on disait : « L'accouchement sans douleur se mérite ! » Il y eut même quelques exagérations. Dans certaines cliniques, on leur donnait des notes : très bien, bien, assez bien… « *Il y avait une pression terrible*, explique Paule. *En même temps, on utilisait beaucoup de médicaments : en plus des anti-spasmodiques et de l'ocytocine, on donnait aussi aux femmes des médicaments contre la douleur.* »

### A quoi sert l'ocytocine ?

L'ocytocine est une hormone sécrétée naturellement par l'hypophyse et qui déclenche les contractions. Il arrive que l'on donne aux femmes des ocytocines synthétiques en perfusion pour renforcer leurs contractions. C'est même systématique quand la femme est sous péridurale. Pourtant, certains médecins estiment qu'une contraction renforcée artificiellement par ocytocines synthétiques peut être dangereuse pour le bébé.

Et puis, un jour, comme le mur de Berlin, tout a craqué. Des femmes ont osé dire qu'elles avaient mal vécu cet accouchement dit « sans douleur ». On a parlé de dressage, de domination de la femme. Bref, c'était l'inverse de ce qui avait été proclamé. Il n'empêche que, grâce à l'accouchement sans douleur, pas mal de tabous étaient tombés.

Après, en 1973, Frédéric Leboyer publia son livre *Pour une naissance sans violence*. On oublia un peu la mère pour se tourner vers le bébé. Lui aussi subit la violence de la naissance, écrivait Leboyer : lumière trop forte des salles de naissance, bruits des instruments et des voix, agitation, cordon ombilical sectionné trop vite. Le livre du docteur Leboyer eut beaucoup d'impact, m'a expliqué Paule. « *A la maternité parisienne des Diaconesses où j'ai travaillé à partir de 1972, nous avons été très attentives aux conditions d'accueil du bébé et beaucoup de cliniques en firent autant.* »

Paule a aussi beaucoup travaillé sur la douleur. Elle s'est familiarisée avec l'acupuncture et l'a pratiquée durant les accouchements. Elle dit que cela soulageait beaucoup les femmes. Elle a aussi appris à masser les pieds. Mais elle pressentait qu'on pouvait aller plus loin dans le travail sur la douleur, sans trouver comment, jusqu'à ce qu'elle rencontre ma mère.

**• 9 avril**

Paule est revenue chez moi ce matin et nous avons continué à parler plusieurs heures durant. Mes lèvres formaient des pourquoi et des comment à qui mieux mieux. Je voulais savoir et comprendre. Cette fois-ci, Paule m'a parlé de l'accouchement : j'avais l'impression d'écouter un roman policier avec suspense et rebondissements. Elle m'a décrit les premières contractions, leur rôle, le déroulement du travail et puis enfin la petite tête qui se pointe et le corps qui glisse à la suite. Ce que Paule m'a raconté, avec ses mots précis et apaisants habitués aux questions désordonnées des femmes enceintes, ces mots qui dénouent les peurs et créent la confiance, est décidément bien différent de ce que j'ai pu entendre ou lire sur la naissance. J'avais lu, entendu : « épreuve à surmonter », « tu y passes et puis t'oublies » ; Paule m'a parlé de mon corps, fait pour accoucher. Donner la vie devenait un magnifique parcours initiatique. Elle m'a montré comment accompagner mon bébé dans sa naissance. Elle m'a expliqué comment bouger pour lui rendre le chemin plus facile, plus direct. Comment détendre mes muscles pour laisser la porte de mon bassin ouverte. « *Votre corps doit être consentant,* me dit-elle. *Si votre bassin est accueillant, le bébé passera tout seul. C'est sa voie naturelle.* » Mettre un bébé au monde est redevenu l'acte simple et naturel pour lequel le corps des femmes est tout naturellement fait.

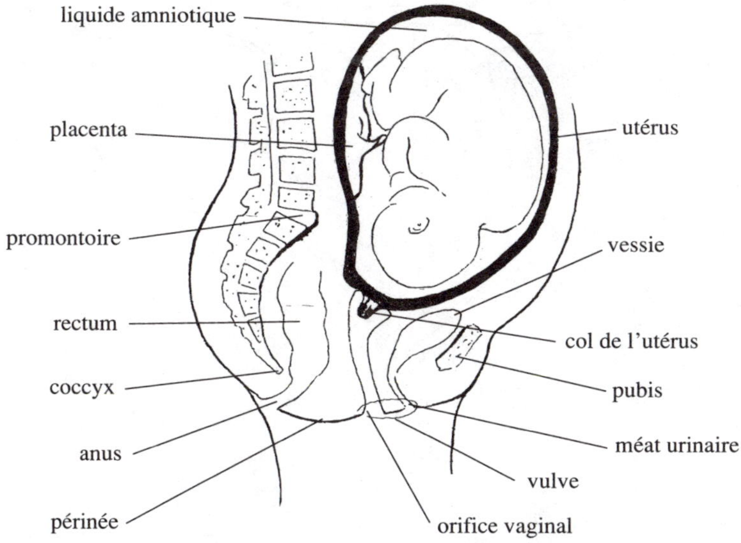


PAULE

JEUX DE MUSCLES

Accoucher, c'est tout simplement accompagner son bébé dans sa naissance. C'est adapter son corps au rythme de la naissance pour vivre un moment unique qui prépare à la vie, à notre vie. Si l'on suppose maintenant que c'est peut-être le fœtus qui déclenche le signal et donne l'ordre de la naissance, le rythme de l'accouchement est scandé par un muscle : l'utérus. Ce muscle creux, dans lequel se trouve le bébé, se contracte et se décontracte. L'alternance n'est pas commandée par la volonté de la mère : elle le voudrait, elle ne pourrait pas. Les muscles à fibres lisses ne se commandent pas, contrairement à ceux à fibres striées comme les abdominaux ou le périnée. L'utérus se contracte sous l'action de deux substances hormonales : l'ocytocine, sécrétée à la fin de la grossesse par l'hypophyse de la mère et du fœtus, et la prostaglandine fabriquée par l'utérus lui-même.

Pendant toute la grossesse, l'utérus s'est dûment entraîné à ces jeux de contractions-décontractions : le ventre soudain durcit, puis revient à son moelleux. La fatigue, la voiture, les

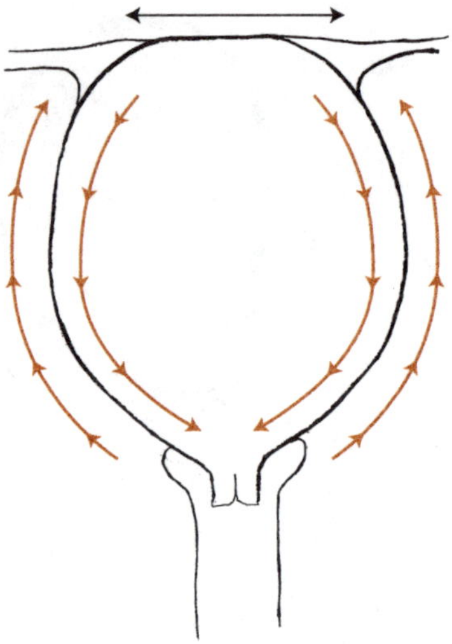

La contraction utérine descend du fond utérin
vers le col (flèches intérieures).

Les flèches extérieures indiquent la traction du col
vers le fond utérin pour son effacement et sa dilatation.

La flèche du haut montre la contraction à son maximum,
restant en plateau quelques secondes.

émotions violentes peuvent déclencher ces contractions qui ne sont en général pas douloureuses. Il arrive que la maman confonde une contraction avec un mouvement du bébé. Pour ne pas se tromper, c'est simple : la contraction durcit la totalité du ventre, tandis qu'un saut de bébé est beaucoup plus localisé.

Durant la grossesse, l'alternance contraction-décontraction est anarchique et les jeux sont espacés. A la fin de la grossesse, les contractions peuvent survenir pendant plusieurs heures et se répéter de la même façon les jours suivants, faisant croire chaque fois que l'accouchement est imminent. Et puis, elles finissent par s'arrêter… pour reprendre le lendemain. Ces contractions préparent le col de l'utérus à la naissance. Un jour, vous constaterez peut-être la perte de glaires sanguinolentes. Impressionnée, vous téléphonerez à la maternité et direz : je perd du sang ! La sage-femme vous expliquera que cela peut être la perte du bouchon muqueux et vous demandera sans doute de venir vous faire examiner. La perte de ce bouchon muqueux qui obstrue le col est le signe précurseur de la mise en route de l'accouchement. Vos contractions vont s'installer pour ne plus s'arrêter. Elles vont progressivement ouvrir le col qui ferme l'utérus et pousser le bébé dans le tunnel formé par le bassin, le périnée et la vulve.

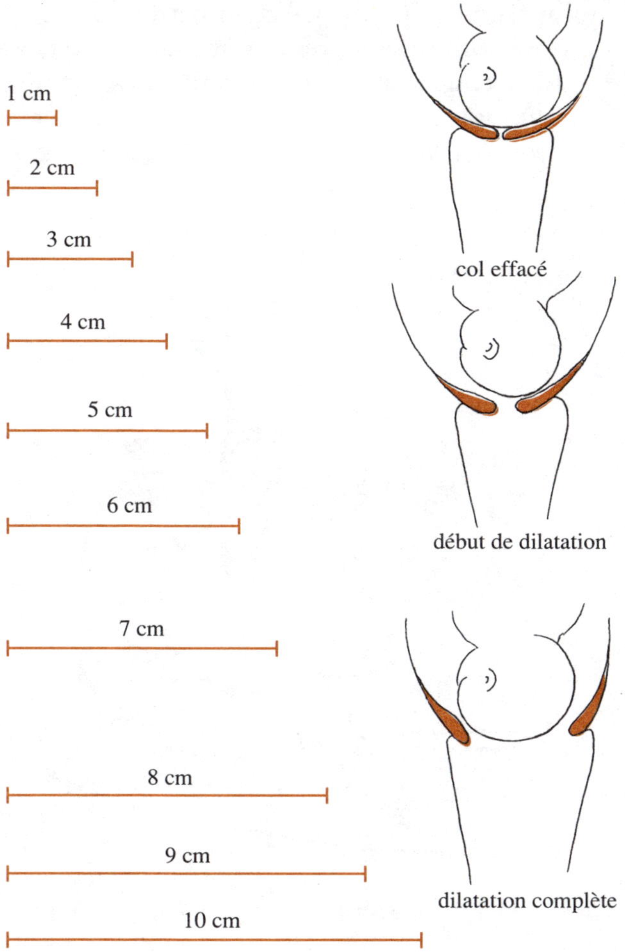


Progression de la dilatation du col en cours de travail

L'entrée dans la danse se fait plus ou moins rapidement selon les femmes et les utérus. On distingue deux phases : le travail préparatoire appelé « pré-travail » et le véritable travail. Le pré-travail est marqué par des contractions irrégulières, parfois indolores, plus ou moins longues, plus ou moins espacées et d'une intensité variable. Sous l'effet de ces contractions, l'utérus se ramasse, le fond de l'utérus est poussé vers le bas tandis que le col, situé au fond du vagin, est tiré vers le haut. Ce col, qui mesure trois à quatre centimètres de long chez les femmes qui en sont à leur premier accouchement, va donc lentement se raccourcir jusqu'à disparaître ; on dit qu'il s'efface, en restant plus ou moins fermé à l'orifice interne.

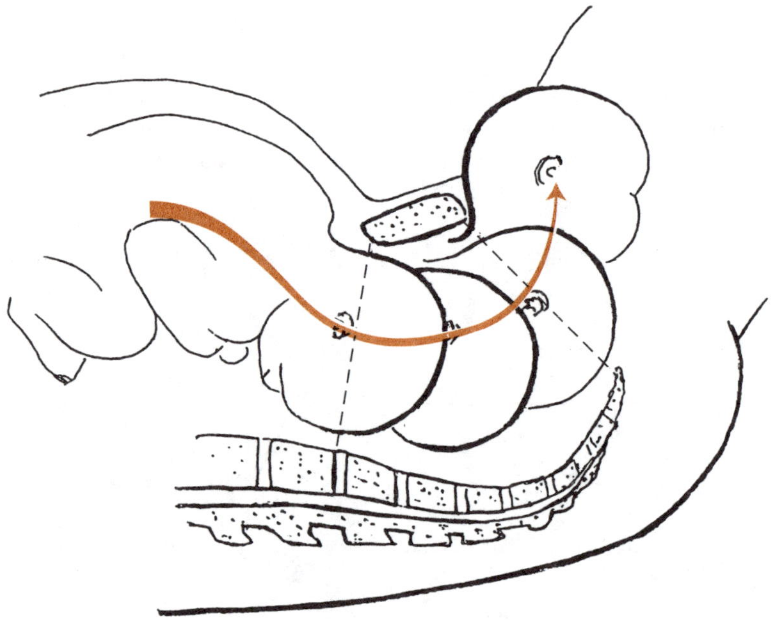

Descente du bébé dans le canal pelvien

Mais ce n'est pas tout. Poussée par les contractions, la tête du bébé va s'appuyer sur le col et prendre contact avec le bassin. A chaque contraction, la tête avance pour reculer une fois la contraction passée jusqu'au moment où elle restera fixée, prête à s'engager.

Ce n'est qu'une fois le col complètement effacé et la tête du bébé plongeante, même encore refoulable, que débute le vrai travail, c'est-à-dire la dilatation du col. Chez les femmes qui ont déjà accouché, le col s'efface en général en même temps qu'il s'ouvre, processus qui aboutit à une naissance plus rapide.

Le vrai travail est une phase très intense. Les contractions sont devenues régulières, parfois encore espacées, parfois déjà très rapprochées, cela dépend des femmes. En général, les contractions reviennent d'abord toutes les quinze minutes, puis toutes les dix, cinq, trois minutes, puis toutes les minutes. L'intervalle entre deux contractions se raccourcit donc. Les contractions sont aussi de plus en plus longues – vingt, trente, quarante secondes – pour atteindre soixante à quatre-vingts secondes en fin de travail. A chaque contraction, le col s'ouvre. La dilatation s'étale de un à dix centimètres. Un col complètement dilaté a une ouverture de dix centimètres.

Les contractions utérines ont aussi pour effet d'augmenter la pression du liquide amniotique dans lequel baigne encore le bébé. Si les membranes qui entourent et protègent le bébé ne sont pas rompues, il se forme un ballonnet s'insinuant dans le col : c'est la poche des eaux. Cette poche sert de dilatateur, sa pression aidant le col à s'ouvrir. Elle sert aussi à protéger le bébé contre les infections microbiennes. Sa rupture amène un regain de contractions, plus fortes, plus rapprochées. La tête du bébé prend alors le relais de la poche des eaux, plongeant dans le bassin et s'engageant pour participer à la dilatation complète du col. L'accouchement en est maintenant à sa troisième phase : l'expulsion. Le bébé, engagé dans le bassin, va en sortir. Chemin faisant, il devra franchir les muscles du périnée, le vagin et la vulve. Pour commencer, il tourne sa tête vers la droite ou vers la gauche et la fléchit vers le bas. Pourquoi se donne-t-il tant de mal ? Parce que c'est plus facile ! Le bassin est ainsi fait qu'il est plus facile d'en franchir l'entrée en oblique, l'espace offert est plus grand. Une fois entré dans le bassin de sa mère, le bébé poursuit son chemin. La progression est lente : le bassin est tapissé de muscles particulièrement serrés : les muscles du périnée. Si ceux-ci sont contractés, le chemin sera long. Et une fois qu'il aura parcouru ce tunnel, il va falloir qu'il en sorte. Pour cela, le bébé doit terminer la rotation de sa tête. Il l'avait fléchie pour franchir l'entrée du bassin, il la redresse pour franchir la sortie du détroit inférieur en articulant la nuque avec le pubis.

**Qu'est-ce que le périnée ?**

Le périnée est un muscle important. C'est lui que le bébé affrontera lorsqu'il sera poussé par l'utérus qui veut le chasser. Il est formé d'un ensemble de muscles qui constituent le plancher du bassin et s'étend entre l'anus et les parties génitales. Il est donc percé de trois orifices : l'urètre, le vagin et l'anus. Il subit de fortes pressions au moment de la naissance par le passage de la tête du bébé, d'où l'importance de s'entraîner à le relâcher, son assouplissement le faisant alors participer avec complaisance au passage du bébé dans sa descente et dans sa sortie hors des voies génitales.

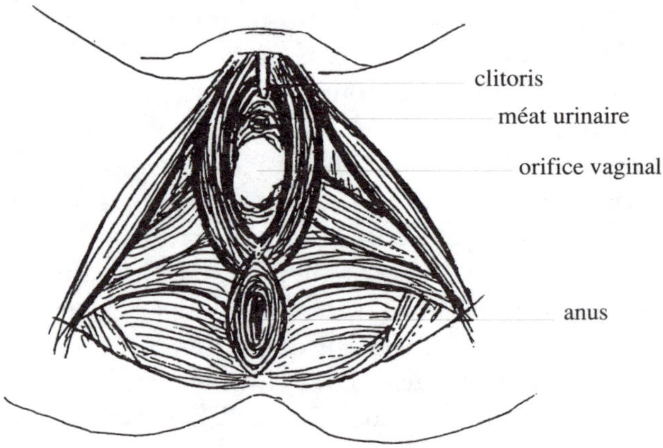


Muscles du périnée

On voit poindre alors sa tête, petite boule de cheveux, l'occiput en premier. On la laisse sortir doucement, tendrement. On voit apparaître le visage, la tête tourne d'un quart de tour. Une épaule se dégage, puis la seconde. La mère peut tendre ses mains pour accueillir son bébé qui vient tout doucement, glissant tranquillement vers l'extérieur. La sage-femme l'aide un peu, elle le prend sous les bras, le sort complètement du corps de sa mère. Tout s'apaise. C'est bouleversant et tellement simple. La maman pose son bébé sur son ventre, peau contre

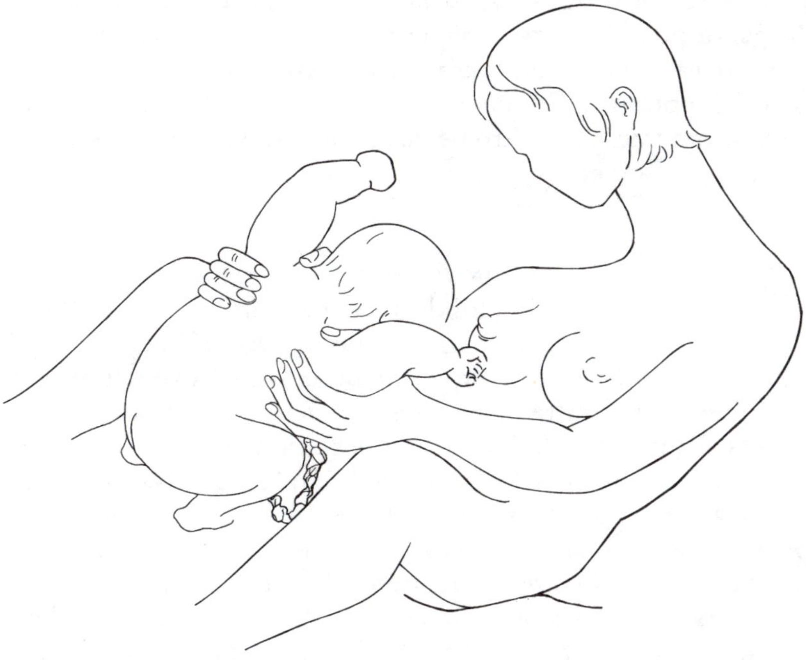

peau. Il est gluant, mouillé, elle le caresse, elle le regarde, elle lui parle. Il tient sa maman par la taille, il écoute le battement bien connu et rassurant de son cœur. Parfois, il tente quelques mouvements de reptation, quelques bébés se dirigent tout seuls vers le sein.

Puis vient le moment de la délivrance. L'utérus s'étant rétracté dès la sortie du bébé, on le retrouve au niveau du nombril. Si le bébé tète, le placenta se décolle plus rapidement avec beaucoup moins de risque d'hémorragie. Le médecin ou la sage-femme pourront le sortir, l'amener hors de la vulve, une main appuyée sur le fond de l'utérus, l'autre prenant le cordon.

**• 10 avril**

**Quel scénario ! C'est fascinant. Je savais que la naissance était fatigante pour la mère, mais je ne savais pas que le bébé lui aussi devait fournir un sacré travail pour sortir. Et tout cela sans répétition... Comment peut-on encore penser que les bébés sont fragiles ? Naître demande une résistance et une persévérance d'athlète !**

PAULE

UN CHEMIN TORTUEUX

Tout le monde s'accorde sur ce scénario classique de la naissance. Pourtant, le travail effectué avec Thérèse et plusieurs années de pratique et d'observations m'ont amenée à « voir » bien d'autres choses dans le déroulement des événements. Pour sortir de l'utérus, le bébé doit franchir le bassin de sa mère. Les obstacles sont nombreux, je les ai répertoriés. Mais la difficulté majeure est évidente. Malheureusement, c'est incroyable, mais les évidences ne se voient pas ! C'est comme lorsqu'on veut dissimuler un trésor, la meilleure cachette est toujours la plus visible, sur la table du salon par exemple ! Lorsque j'ai vu cette évidence, toutes les autres difficultés sont devenues mineures et facilement surmontables. La difficulté majeure d'un bébé en marche pour le monde extérieur est son trajet : il n'est pas rectiligne. Le bébé doit descendre, puis remonter. Pourquoi ? Parce qu'il suit la cambrure du bas du dos de sa mère. Cette cambrure maternelle est le nœud de son problème. D'où vient-elle ? Beaucoup de femmes (d'hommes aussi d'ailleurs) sont cambrés, mais les femmes enceintes accentuent souvent cette cambrure, le poids de leur bébé poussant leur ventre en avant. Le fait de se cambrer, on pourrait dire d'ailleurs de se cabrer comme le font les chevaux, est aussi une réaction classique à la douleur. Sous l'effet des contractions, j'ai vu les mères se cambrer encore plus. Le portrait classique de la femme qui a mal : poings serrés, yeux fermés, dos cambré, le poids du corps réparti sur les fesses et les épaules. Cette lordose oblige le bébé à suivre un chemin très tortueux : il n'est pas dans l'axe de la descente.

Mais là où les choses se corsent, c'est que le passage est non seulement coudé, mais qu'il devient encore plus étroit. Que se passe-t-il ? Le « promontoire » qui est la partie de la colonne vertébrale située à la jonction du sacrum et des dernières vertèbres lombaires se rapproche de l'os du pubis. Le résultat est immédiat : l'entrée du canal pelvien diminue. La tête du bébé peut même buter sur ce promontoire, elle a alors du mal à s'engager dans le bassin. Le travail devient long et douloureux pour la mère comme pour le bébé.

Pourtant, j'ai constaté qu'il suffit de supprimer la cambrure pour rétablir la ligne droite et permettre au bébé de plonger tout droit vers la sortie. En rapprochant le pubis du nombril, on oblige le bassin à se faire accueillant pour venir à la ren-

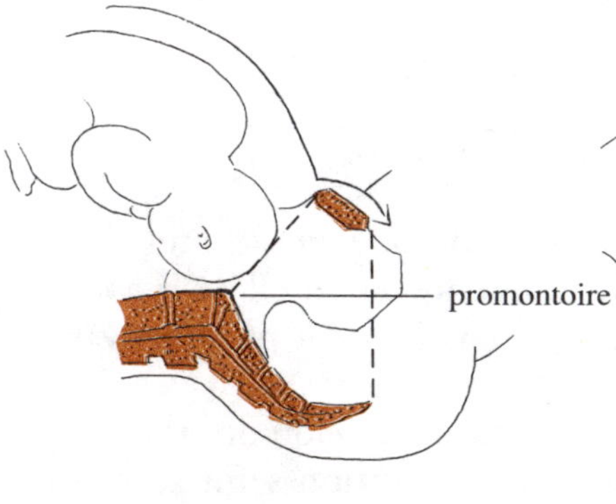


Le promontoire se rapproche du pubis en diminuant l'entrée du canal pelvien.

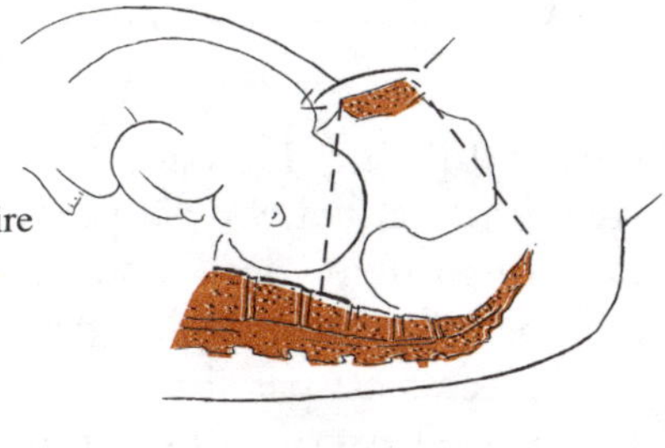

Le pubis, en se rapprochant du nombril, agrandit l'entrée du canal pelvien, éloigne le promontoire, et facilite ainsi l'engagement de la tête.

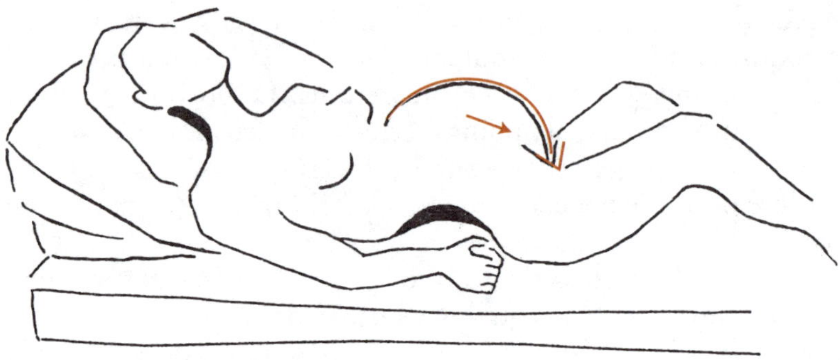

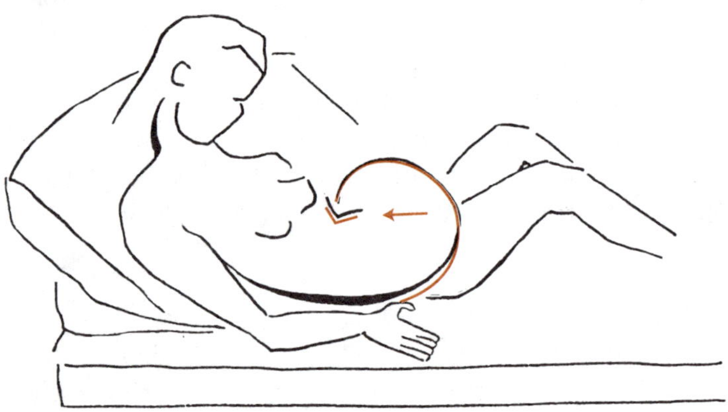

contre du bébé. L'espace abdominal dans lequel se situe l'utérus diminue, le bébé n'a plus qu'un endroit où aller : la sortie. Par conséquent, dès l'instant où le bassin vient plus en avant, le bébé n'a plus qu'à plonger.

Mais ce n'est pas si facile de délordoser quelqu'un. Il ne suffit pas de l'asseoir ou de le mettre en position semi-allongée. Parfois, quand je demande à certaines femmes de basculer leur bassin pour supprimer la cambrure, elles soulèvent leurs fesses. Dans le service, certains médecins pensaient qu'il suffit de faire asseoir ou accroupir les femmes pour les délordoser. On les fait donc accoucher en position semi-assise. Mais si elles restent cambrées ? Je demande aux femmes de s'entraîner à bouger leur bassin à la maison, pour qu'elles sachent le faire le jour de l'accouchement. C'est très important que ce mouvement devienne facile et naturel. Cela doit devenir un réflexe, comme d'attacher sa ceinture de sécurité en voiture !

THÉRÈSE Tu accouches avec toute ta peau, tous tes organes et tous tes muscles ; pourtant, je veux te parler de trois partenaires qui ont un rôle déterminant à ce moment-là. On ne fait pas attention à eux, tout occupée que l'on est avec les contractions de l'utérus, mais, comme tu le sais, l'utérus n'est pas isolé au milieu du corps, il dépend étroitement de ses voisins. Ces voisins-là ont partie liée avec la musculature de l'arrière du corps, et ce n'est pas étonnant puisque celle-ci domine et impose sa griffe en toutes circonstances. L'accouchement, ce long et puissant mouvement de tout le corps, n'échappe pas à son autorité.

Sans l'accord des muscles dominants, rien ne peut se faire avec aisance. Leur consentement est heureusement facile à obtenir. Tout ce qu'ils veulent, c'est être reconnus pour ce qu'ils sont : les maîtres absolus de tous nos mouvements.

Le diaphragme, vital au moment de l'accouchement, est l'un de ces partenaires. Il est lui aussi sous la dépendance des muscles de l'arrière du corps. « Je ne sais pas respirer », me dit-on souvent. La respiration est une fonction naturelle comme la circulation du sang ou la pousse des cheveux, ce n'est pas un acte volontariste. Si la respiration se bloque – je reconnais qu'elle se bloque souvent pour toutes sortes de raisons intimes –, c'est par les muscles du dos, des mâchoires, de la nuque qu'on la libère. Le diaphragme s'attache en travers du corps, séparant et unissant le haut et le bas. Il s'attache entre autres sur la colonne vertébrale, de la douzième vertèbre dorsale à la troisième, et souvent quatrième vertèbre lombaire. C'est-à-dire de la taille au bas des reins. C'est ici que, mêlant ses fibres à celles des muscles de l'arrière de la colonne vertébrale, il devient leur vassal. Sa position centrale est trompeuse, on croit qu'il a les pleins pouvoirs, en réalité il est constamment sous influence. Ce n'est pas à lui qu'il faut s'adresser directement pour avoir la respiration facile. Une partie de ses nerfs vient de notre système nerveux sympathique, le système inconscient. De plus, il est sous l'influence de la nuque car c'est ici qu'il a commencé son existence et certains de ses nerfs naissent entre les vertèbres cervicales ; au moment de notre formation d'embryon, l'ébauche du diaphragme se trouvait au cou, ce n'est que par la suite qu'il a migré vers le bas, entraînant avec lui ses nerfs et ses vaisseaux.

Si le diaphragme se bloque, c'est toujours sur l'inspiration, et l'expiration qui devrait suivre est toujours incomplète, les poumons restent gonflés de leur air, tandis que le dos cambré interdit au diaphragme de bouger. C'est inconfortable dans la vie de tous les jours, et c'est insupportable quand on est en train d'accoucher. C'est justement ce qui empêche la sortie naturelle d'un nouveau-né. Il faut donc associer le travail du bas du dos qui allonge les muscles et libère les mouvements du diaphragme, et, bien sûr, le travail des mâchoires qui libère l'ouverture du vagin. Le diaphragme a d'ailleurs un homologue dans le corps, un petit frère, placé en travers du corps comme lui : c'est le périnée. L'un ne bouge pas sans l'autre. La mobilité du diaphragme permet la mobilité du périnée. La mobilité des muscles du dos permet la mobilité du diaphragme. Une société avec ses lois et ses usages établis depuis la nuit des temps, où l'on ne pénètre pas par effraction.

L'intérieur des cuisses avec ses muscles puissants est un autre des partenaires. Des muscles puissants là où on croit n'avoir que de la faiblesse. Ils sont gainés de tissus délicats et la peau est très fine entre les cuisses mais ce n'est que main de fer dans un gant de velours. Attachés sur les os du pubis, encadrant le sexe, ils sont épais, fibreux, s'enroulent autour des cuisses et finissent par s'attacher derrière, sur les os du fémur.

On les appelle « adducteurs » car leur rôle est de serrer les cuisses en dedans, l'une contre l'autre. Autrefois, on les appelait les muscles de la virginité. Naturellement, ils font équipe avec la musculature de l'arrière. S'ils s'allongent, les muscles du bas du dos se contractent. Si tu écartes les cuisses, les muscles de l'intérieur des cuisses s'allongent, mais le bas de ton dos se creuse. Si le bas de ton dos se creuse, le « promontoire » s'avance. Le promontoire, c'est le bord supérieur du sacrum et c'est l'écueil à éviter pour le bébé qui navigue la tête la première vers la sortie. Pourtant, comment accoucher sans écarter les cuisses ? On pourrait croire qu'ici la nature est mal faite et qu'après avoir tout si bien arrangé, elle achoppe à la fin sur un obstacle imprévu. Les autres mammifères n'écartent pas les pattes pour accoucher. Peut-être est-ce un reste de notre animalité qui n'a pas eu le temps de s'ajuster à notre nouveau statut de bipède. Il faut donc accoucher avec les attributs de notre espèce, c'est-à-dire avec notre intelligence qui nous permet d'observer et de comprendre. Il faut rechercher l'allongement du bas du dos et la souplesse des muscles de l'intérieur des cuisses. Mais il ne faut surtout pas forcer l'écartement des cuisses dans l'espoir d'allonger les muscles adducteurs. Leur langage est plus subtil.

Les problèmes de « sciatique » sont liés à la position des cuisses écartées. Le nerf sciatique, qui est gros comme ton pouce, se trouve comprimé par la pression des muscles du bas du dos contractés. Et, bien sûr, plus les cuisses sont écartées et plus le bas du dos se trouve compressé. La position en tailleur, cuisses écartées, n'a aucune des vertus qu'on lui prête.

*Mouvement n° 12 pour allonger les muscles des cuisses et du bas du dos, p. 151.*

Certaines femmes te parleront d'accouchement « par les reins », leur région lombaire les faisant souffrir davantage que n'importe quelle partie de leur corps. La région lombaire, c'est le domaine des muscles dominants ; ils y sont encore plus puissants que partout ailleurs ; ici, des fibres venues de la nuque et des fibres venues des lombes se croisent, se recouvrent et se renforcent. Ces muscles sont puissants au point de vouloir s'approprier l'accouchement. Ils s'emparent de mouvements du corps où ils n'ont physiologiquement rien à faire. Leur rôle serait de s'allonger, de se coucher docilement pour laisser l'utérus agir. Mais non… Comment faire ? Avant l'accouchement, les préparer à se tenir tranquille, leur apprendre l'apaisement, l'allongement.

**• 11 avril**

« Soufflez avec la vulve », m'a dit Paule ce matin. J'ai été plutôt interloquée. Je ne savais pas que l'on pouvait respirer par là… « *C'est une image*, m'a expliqué Paule en riant, *mais elle correspond à une sensation réelle.* » En fait, c'est un moyen fantastique pour relâcher les muscles du bassin.

PAULE

LE RELÂCHEMENT DU BASSIN

Une fois la route du bébé dégagée, encore faut-il, pour qu'il descende, que les muscles du bassin dans lequel il s'engage soient décontractés. Détendre des muscles, ceux du périnée, que l'on a déjà souvent bien du mal à situer, n'est pas une mince affaire. J'ai obtenu de très bons résultats en faisant travailler la langue et les mâchoires comme Thérèse l'a indiqué. J'ai aussi remarqué qu'une respiration appropriée apportait un grand relâchement. Je demande aux femmes de souffler avec leur vulve ! L'expression a fait sourire plus d'un médecin, il y en a même qui ont cru que je me moquais d'eux ! Mes patientes, elles, m'ont toujours fait confiance : c'est une chose qu'il faut sentir ! Vous pouvez rester debout ou vous allonger avec la tête et les épaules surélevées par des oreillers. Votre nuque doit être bien allongée, votre colonne aussi. Si vous êtes allongée en position demi-assise, gardez la colonne bien enfoncée sur le lit. Lorsque vous inspirez, imaginez que l'air pénètre par vos pieds, remonte ensuite le long de vos jambes, puis de votre colonne vertébrale. A l'expiration, relâchez la nuque et expulsez l'air par votre vulve, mais sans effort. Au moment où l'air sort, votre pubis avance naturellement vers le nombril, comme si votre vulve regardait le plafond.

Au départ de la contraction, soufflez très doucement, juste

un filet d'air, pour ne pas vous épuiser, et puis c'est inutile de souffler plus fort, cela ne sera pas plus efficace. Ne gonflez pas vos joues comme Louis Amstrong ! Au contraire, soufflez la bouche ouverte, les mâchoires relâchées. Le souffle doit être une réponse à l'intensité de la contraction : pour une petite contraction, soufflez doucement ; pour une contraction plus forte, soufflez plus fort.

Et ne vous précipitez jamais pour reprendre votre respiration. Il ne faut inspirer de nouveau que lorsque votre corps le réclame. On compte environ cinq respirations pour une contraction de soixante secondes, mais c'est très variable selon la capacité respiratoire de chaque femme. A la fin de l'accouchement, quand les contractions sont plus fortes, soufflez plus fort. Au moment où vous bougez votre bassin, vous pouvez sentir une légère contraction des abdominaux : ce n'est pas mauvais, au contraire, cela renforce l'efficacité des contractions.

La respiration par la vulve n'a rien à voir avec une respiration du type du « petit chien », dont l'objectif était de détourner l'attention des femmes. Ce n'est pas du tout ce que je recherche. Au contraire, je pense qu'il faut rester très concentrée sur ce que l'on fait pendant l'accouchement. Je me souviens d'une de mes patientes qui était trapéziste. Elle ne s'est pas laissé distraire un seul instant pendant toute la durée de son accouchement, qui a été très rapide.

Je pense souvent à ces bébés pris entre deux forces contradictoires : d'un côté l'utérus qui se contracte comme un fou pour ouvrir le col, de l'autre les muscles du bassin qui se rétractent sous la douleur. Résultat : match nul. Les contractions n'ont servi à rien et le travail dure des heures car l'utérus doit redoubler d'effort. C'est épuisant et douloureux. Pour qu'une contraction soit efficace, il faut que le col soit relâché. Toutes les femmes que j'ai fait souffler avec la vulve ont obtenu ce précieux relâchement. Je l'ai souvent fait faire aux femmes que j'examinais en consultation. Beaucoup ne supportent pas les examens vaginaux et les spéculums, elles ont peur et réagissent en se contractant. C'est normal. Il faut toujours prendre son temps quand on examine une femme. A la clinique, les médecins avaient pris l'habitude de m'envoyer les patientes qu'ils

**Que peut faire le père pendant l'accouchement ?**

Après lui avoir interdit l'accès des salles d'accouchement, peut-être impose-t-on maintenant trop souvent au père un événement qu'il vit parfois en spectateur contraint. Pourtant, à condition qu'il ne soit pas angoissé, sa présence peut être rassurante et encourageante. Paule demande souvent au papa de se placer derrière la tête de la maman et de poser doucement ses mains sur les épaules de celle-ci. Chaque fois qu'elle reprendra sa respiration avant une contraction, il pourra, par une pression de ses mains pendant l'expiration, l'aider à se remettre dans le rythme de l'accouchement. La mère sentira ainsi un encouragement à se concentrer sur sa contraction. Certaines femmes n'auront cependant aucune envie d'être touchées à ce moment-là, même avec amour. Le père doit alors le sentir et s'effacer discrètement...

n'arrivaient pas à examiner. Je les faisais souffler avec la vulve ou grossir la langue dans la bouche, comme Thérèse me l'a appris pour leur faire relâcher la vulve et le périnée.

Pendant l'accouchement, toutes les femmes à qui j'ai demandé de souffler avec la vulve et grossir la langue sont arrivées à dilatation complète du col en moins de six heures, parfois trois ou quatre, contre douze heures habituellement pour des primipares. Leurs muscles étant relâchés, chaque contraction portait. Il n'y avait plus de force contraire pour s'opposer au travail de leur utérus. Souvent on dit aux femmes, pendant le travail : lisez, prenez un bain, faites un tour. Je ne pense pas que ce soit une bonne idée. Je préfère leur demander de souffler avec la vulve, ce qui les amène à bercer leur bébé par le mouvement du bassin en ramenant doucement leur pubis vers leur ventre. Leurs contractions sont plus efficaces et, d'autre part, c'est un très bon moyen pour s'habituer progressivement aux contractions de la fin de travail qui sont beaucoup plus fortes et douloureuses.

Il m'est arrivé de récupérer des femmes qui devaient subir une césarienne car le travail n'avançait pas, leur col ne se dilatant pas. Je les ai fait accoucher naturellement ! Pendant qu'on préparait la salle d'opération, j'allais les voir et je leur demandais si elles voulaient essayer d'éviter la césarienne. La plupart étaient trop contentes d'avoir une dernière chance d'y échapper. Je les faisais souffler avec la vulve, les femmes se détendaient et elles accouchaient tranquillement. Toutes celles que j'ai récupérées pour anomalie de dilatation ou d'engagement ont évité la césarienne.

**• 12 avril**

Odile a deux petites filles. Pour les deux accouchements, Paule était là. Ces deux naissances sont parmi les plus beaux souvenirs de Paule. Elle a demandé à Odile d'écrire quelques notes sur la naissance de ses deux filles. J'ai été frappée de constater que, même si les deux accouchements se sont passés très vite et sans aucune complication, Odile raconte deux histoires très différentes. Aucune naissance ne ressemble à une autre. C'est peut-être la même mère, mais elle est chaque fois dans un état d'esprit différent et puis… ce n'est pas le même bébé et cela compte énormément.

Odile raconte la naissance de ses deux filles :

*Les premiers mots qui me viennent à l'esprit quand je pense à la naissance de Mathilde, ma première fille, sont « un grand éclat de rire ». Un événement qui s'est déroulé comme on éclate de rire…*
*Tout a commencé vers 23 heures, un éclair à traversé mon corps. J'ai immédiatement pensé qu'enfin le travail allait commencer. Imprégnée des dires de Paule et de ce que j'avais lu, j'étais persuadée que ce n'était que le début d'un long, très long processus. Je ne cessais de me répéter : « Pas d'affolement, j'ai le temps… » J'ai donc pris un bain, lavé mes cheveux, procédé à quelques rangements, informé mon mari que « quelque chose » se passait, mais que nous pouvions nous coucher et que nous aviserions le lendemain.*
*Vers une heure du matin, les contractions – puisqu'il semblait que*

*c'était bien de cela qu'il s'agissait, mais en étais-je vraiment sûre ? – sont devenues plus intenses. Je respirais toujours très régulièrement, comme Paule me l'avais appris et aidé à pratiquer plusieurs fois par jour les semaines précédentes.*
*Dans mon esprit, il était clair que ce travail pouvait durer très longtemps, peut-être jusqu'au lendemain dans l'après-midi. Parfaitement calme, je me suis installée sur le divan, des coussins sous les cuisses et la tête. A chaque contraction, j'inspirais longuement, expirais en « suivant » chacune de mes vertèbres qui, des cervicales jusqu'au sacrum, se plaquaient une à une sur le matelas. Concentrée sur ce mouvement, je relâchais mes épaules, basculais le bassin. A deux ou trois reprises, j'ai ressenti des douleurs semblables à celles éprouvées en cas de diarrhées.*
*Alors la position assise ou accroupie, toujours très concentrée sur le mouvement de bascule du bassin, me soulageait. A d'autres moments, je somnolais légèrement. En permanence, l'unique objet de mes pensées restait fixé sur la maîtrise de la respiration mais sans fébrilité, sans la moindre anxiété.*
*A 5 heures du matin, l'intensité et la fréquence des contractions semblant augmenter encore, j'ai réveillé mon mari et ensemble nous avons chronométré le laps de temps écoulé entre deux contractions et la durée de chacune. Cinq minutes d'écart mais je ne voulais toujours pas précipiter les événements… Attendons ! A 6 heures, mon mari a quand même prévenu Paule qui, sitôt arrivée, m'a examinée. Elle a eu alors une parole très amusante : « Nous n'appellerons pas l'ambulance, nous n'avons pas le temps de l'attendre. » Depuis quelques minutes, j'éprouvais une certaine fatigue accompagnée de crampes dans les jambes, de frissons. Mon mari m'a donné du sucre, ce qui m'a fait vomir, j'ai bu un peu et nous sommes partis. J'avais envie de rire car Paule s'inquiétait de savoir si je ne sentais pas la poussée de la tête mais je n'avais aucune idée de la sensation que cela pouvait déclencher puisque c'était mon premier accouchement. A la clinique, je n'ai pas voulu entendre parler ni de brancard ni surtout d'ascenseur dont la seule vue m'affolait. Alors je suis montée à pied au premier étage.*
*A 7 h 20, j'étais en salle d'accouchement ; à 7 h 40, Mathilde était née. Les dix dernières minutes de cette naissance, au moment*

de l'expulsion, ont été pénibles : à cause de cette force incroyable qui poussait dans mon ventre, à cause de cette puissance en moi, inconnue de moi ! Les personnes qui m'entouraient m'encourageaient, me disaient que déjà ils voyaient la tête, que celle-ci progressait rapidement. Pourtant, j'ai eu la soudaine impression que cela n'en finissait pas et que peut-être je n'aurais pas la force de continuer à souffler longuement, puissamment.

Et puis tout à coup pfft ! comme une truite dans un torrent, comme un coup de vent dans un drap de soie. C'est fini, tout commence, l'enfant est là.

Pour Lise, c'est une tout autre histoire. La naissance de Lise a été « violente ». Pas une violence négative ou mauvaise. Bien que ce terme soit celui qui me vient immédiatement à l'esprit, je ne l'aime pas parce que je suis imprégnée des « naissances sans violence » de Leboyer. Leboyer parlait de la violence du monde extérieur à la mère et à l'enfant. Moi, je parle de la force qui fait naître l'enfant. La naissance de Lise a duré trois heures vingt minutes. J'avais envie qu'elle naisse. Il faisait très lourd, j'avais beaucoup grossi, travaillé jusqu'à une date avancée de la grossesse. Cinq jours plus tôt et la veille, en début de journée, j'avais eu des contractions, deux, trois, puis plus rien… Paule m'avait rendu visite dans l'après-midi. Vers 18 heures, Mathilde s'impatientait, lassée par cette maman dans l'attente de quelque chose qui ne venait pas et peu disponible. Elle partit chez une amie, cela m'a soulagé. J'ai craint que Paule ne reparte, pensant que l'accouchement ne se ferait pas ce jour-là. Lequel de ces faits a été un facteur de déclenchement ? Toujours est-il qu'une contraction fulgurante m'a contrainte à m'allonger.

C'était d'une étonnante force accompagnée d'une douleur poignante dans le plexus. Cette douleur a persisté pendant tout l'accouchement sans que je sache si elle était due à la très grande taille du bébé, à son poids ou à la position de ses pieds. Ou bien simplement au fait que les contractions étaient différentes de celles ressenties lors du premier accouchement.

La naissance de Lise fut un moment extraordinaire au sens étymologique du mot : hors de mon propre ordinaire, hors de tout champ de ma connaissance.

Durant trente minutes, j'ai vécu une formidable plongée en moi. Si bien que j'ai manifesté une certaine mauvaise humeur à l'égard *de mon entourage. Cette impérieuse force qui poussait l'enfant dehors, il fallait que je sois entièrement plongée en elle, que je la dompte par la seule maîtrise de ma respiration, si bien que les conseils ou les bavardages dans la salle de travail me semblaient une distraction exaspérante. Cette force, cette poussée – faut-il l'appeler douleur ? Ce n'est pas le terme qu'appelle ma mémoire, même si j'ai pu sur le moment dire « j'ai mal » –, rendait difficile la fin de l'expiration ; j'éprouvais des difficultés à basculer le bassin de façon aussi accentuée qu'à l'« entraînement ». La présence de Paule à mes côtés a été d'un grand secours. Au moment le plus intense de la contraction et en fin d'expiration, elle appuyait du plat de la main sur l'os pubien, guidant en quelque sorte le bassin dans son mouvement de bascule et libérant l'air restant dans les poumons. Ainsi l'enfant pouvait « descendre » très vite. Ce fut même tellement rapide que Lise est presque née dans le couloir entre la salle de travail et la salle d'accouchement. A peine installée sur la table, dans un élan, je me suis redressée pour « cueillir » sous les aisselles le bébé venu de moi... Ce fut un indicible instant.*

*Voilà mon expérience : deux naissances, deux moments très différents l'un de l'autre, ayant toutefois en commun la concentration, la rapidité et un temps de récupération très court. Cela m'a permis de vérifier que cette « méthode » s'avérait efficace quelles que soient les circonstances ! Si le premier accouchement était facile et amusant, pour le second, la respiration, la relaxation, la concentration ont été d'excellents moyens pour faciliter l'arrivée de Lise. Bien sûr, on pourra dire que je ne connais pas d'autre méthode d'accouchement. Les échanges que j'ai pu avoir avec mes amies à ce sujet me confortent quand même dans mon choix. En tout état de cause, au moment de la naissance de Lise, le travail s'est déroulé dans un laps de temps si court que l'utilisation de la péridurale aurait été impossible. En réalité, je pense que mon choix est avant tout « philosophique ». Mettre un enfant au monde, surtout à une époque où cette décision est presque toujours un choix, n'est pas un acte anodin. C'est un moment exceptionnel, rare, dans la vie d'une femme. Je n'avais aucune envie de le banaliser, de le transformer en simple acte médical. De l'expérience de mes amies, j'ai retenu le désagréable sentiment que l'on prend rendez-vous pour accoucher comme pour se faire arracher une dent et que l'anes-*

*thésie de la péridurale transforme la mère en spectatrice de la naissance.*

*Ce sont des circonstances fortuites qui ont permis que Paule m'assiste dans la préparation de la naissance de mes filles. J'ai eu la chance aussi d'être suivie pour les deux grossesses par des obstétriciens intelligents et ouverts qui, avec leur équipe, ont accepté que Paule prenne la « direction des opérations ». La somme de ces chances m'a permis de découvrir que la relation entre la sage-femme et la mère était un facteur essentiel. Nous sommes à une époque où les mères n'assistent plus leur fille dans l'accouchement et où de mère en fille le vécu de l'accouchement est soit occulté, soit transmis très négativement ; une relation professionnelle est donc tout à fait rassurante. Il me paraît important qu'il s'agisse d'une « parole de femme » dégagée du pouvoir quasi sacré du médecin. Au cours de nos séances de travail, Paule n'hésitait jamais, comme elle l'a aussi fait avec Marie, à expliquer et répéter encore et encore le processus qui aboutirait à la naissance de mon enfant. Elle racontait les expériences les plus marquantes de sa vie de sage-femme, m'aidant ainsi à apprivoiser l'idée de la naissance et à me rassurer pleinement.*

*C'est donc détendue que j'envisageais ces moments. Puis à l'instant où enfin mon enfant naissait, cette méthode de concentration, d'accompagnement de l'enfant dans son cheminement au travers de mon corps et jusqu'à son apparition, m'a permis d'être actrice de ces naissances. Je ressens encore aujourd'hui à quel point cela a été un début significatif dans ma vie avec mes filles.*

## • 13 avril

Maud, ma rousse voisine, celle que je croisais dans l'escalier montant péniblement son gros ventre au cinquième étage, a accouché hier. Quand je lui ai demandé si tout s'était bien passé, elle m'a répondu d'une toute petite voix : « Super ! » Puis elle m'a dit qu'elle avait eu les forceps. Mais elle a vite ajouté qu'elle n'avait rien senti parce qu'elle était sous péridurale et qu'on lui avait fait une épisiotomie. Je me demande quel mot

Maud aurait utilisé pour décrire son accouchement si elle n'avait pas eu les forceps... « Archi-super » ?

Ce n'est pas la première fois que j'entends des femmes ayant subi le trio péridurale-épisiotomie-forceps employer les mêmes mots superlatifs mais évasifs. Comme si l'enchaînement était tellement banal qu'il n'y avait aucune raison de s'en plaindre ou de s'en fâcher ou même de le regretter. Pourtant, je ne peux m'empêcher de me demander comment les forceps ou une épisiotomie peuvent être vécus de gaieté de cœur, de gaieté de corps. Même si Maud n'a rien senti, elle aurait le droit d'être en colère ou d'être triste. Mais ce sont des sentiments qu'une jeune mère ne s'autorise pas. Puisque son bébé est sain et sauf, elle ne peut s'accorder le droit à des sentiments aussi négatifs. Ce serait malvenu, presque choquant. Une jeune mère oublie tout, pardonne tout quand elle a son bébé dans ses bras. D'ailleurs, souvent elle ne sait plus ce qu'elle a vécu. C'est l'amnésie *post-partum*. Tant mieux ou tant pis ? Dommage en tout cas que l'on se contente de masquer, d'endormir la douleur apparente et qu'on néglige l'autre, plus souterraine et combien plus difficile à prendre en considération : celle de l'âme meurtrie, du corps à l'intégrité bafouée. Le poids du non-dit pèse lourd sur le cœur et le corps des mères. C'est dur de vivre avec une douleur qu'on n'ose même pas prononcer.

PAULE

ON PEUT ÉVITER LES FORCEPS

Avec ma méthode, je n'ai eu que très peu à utiliser les forceps. Souvent, quand on a besoin de forceps, c'est que les muscles du bassin sont tellement contractés que la tête du bébé ne peut pas tourner pour franchir le détroit inférieur du bassin et se dégager. On emboîte alors deux cuillères sur la tête du bébé pour l'aider à se mettre dans l'axe de dégagement, puis on retire les cuillères et le bébé sort naturellement. Je pense que si on se donne la peine et le temps d'aider la femme à relâcher son bassin, à ce moment-là le bébé descend, et il est absolument inutile d'aller le chercher, même quand il est très gros, même si c'est un siège. Il n'y a pas longtemps, j'ai aidé une jeune femme roumaine à accoucher. Son bébé, c'était son premier, s'était mis en siège entre la dernière visite et l'accouchement. Quand la maman est arrivée à la maternité, son col était déjà dilaté à sept centimètres, la poche des eaux était bien bombante. Elle faisait très bien sa respiration et ses mouvements du bassin. Le médecin de garde était là, ainsi que l'anesthésiste, on les appelait systématiquement pour les sièges. La boîte de forceps était ouverte, prête à servir, mais la maman a accouché sans difficulté, aussi simplement que si son bébé s'était présenté par la tête !

**• 15 avril**

Il n'y a pas de miroir en pied à la maison. Je dois monter sur la cuvette des toilettes pour me voir en entier dans la glace au-dessus de la baignoire. Ce que j'aperçois : un ventre qui m'échappe. Fier et inexorable. Je poursuis l'observation et découvre tout mon corps solidaire de ce nouveau ventre. Mes épaules, mes bras, mes cuisses se sont arrondis d'amitié pour lui. Même mes hanches se sont effacées pour lui permettre de s'étaler.

Mon nombril fait saillie, point de jonction d'une ligne brune verticale récemment apparue. Découpez en suivant les pointillés. Non, ne découpez pas, c'était une blague ! Un cauchemar de femme enceinte.

# SEPTIÈME MOIS

**• 17 avril**

Je poursuis consciencieusement les cours de préparation à l'accouchement de la maternité des R. C'est probablement ma mentalité de bonne élève : on ne sèche pas ses leçons ! Aujourd'hui, nous avons appris à pousser pour expulser le bébé : « *Inspirez, bloquez, poussez.* » Et quand est-ce qu'on souffle ? C'était à celle qui pousserait le plus fort ! Les plus enceintes, celles qui en sont à huit ou neuf mois de grossesse, étaient dispensées. On ne sait jamais. Cela aurait pu donner des idées à leur bébé... Pousser, c'est bien là une des figures de style les plus célèbres de l'accouchement. Au cinéma, le « *poussez, madame, mais poussez donc !* » du médecin ou de la sage-femme précède immédiatement le premier vagissement du nouveau-né.

« *Et bien non*, m'a dit Paule, *pousser n'est pas nécessaire !* » Voilà encore une certitude qui s'écroule. Paule ne fait jamais pousser pendant l'expulsion, ce moment où la tête du bébé pointe pour annoncer l'arrivée imminente du reste du corps.

PAULE

NE POUSSEZ PAS !

Je ne fais jamais pousser durant l'expulsion. Ce n'est tout simplement pas nécessaire. Tant que le bébé n'est pas sorti, vous avez des contractions. Il faut en profiter ! Laissez votre utérus faire le travail qu'il a à faire. Les contractions de l'utérus suffisent tout à fait à expulser le bébé. D'ailleurs, je trouve que le mot « expulser » est affreux. Il s'agit de le faire sortir en douceur, pas de l'éjecter comme un malpropre ! On dit souvent aux femmes de pousser « comme pour aller à la selle ». Quelle curieuse association !

Pousser sur commande peut aussi être traumatisant, certaines femmes se sentent coupables de ne pas y parvenir. J'ai aussi remarqué que des femmes, en poussant, contractaient le périnée, or ce muscle doit absolument être souple pour laisser sortir le bébé. En poussant, on rallonge l'expulsion, ce qui augmente les risques de forceps. On a constaté en effet que pousser peut parfois provoquer des déchirures du périnée. D'ailleurs, lorsqu'on fait pousser les mères, la conduite classique est de mettre la main sur le dessus de la tête du bébé pour éviter qu'il ne sorte trop vite et que le périnée ne se déchire.

Alors si vraiment vous ne pouvez échapper aux exhortations à pousser de la sage-femme ou du médecin, pensez à pousser en ramenant votre vulve vers le plafond. Si on accepte de vous laisser tranquille, vous pouvez d'ailleurs en parler auparavant à votre sage-femme ou à votre médecin pour que les choses soient claires. Voici ce que vous pouvez faire au moment de l'expulsion. Il y a deux cas de figure possibles quand la tête du bébé bute sur le périnée : soit vous ressentez une irrépressible envie de pousser le bébé, soit vous n'avez pas envie de pousser. Si vous avez envie de pousser, vous pouvez répondre à ce besoin, non pas en poussant, mais en soufflant, toujours avec la vulve, comme pendant le travail, mais plus fort. Si vous n'avez pas envie de pousser, vous soufflez aussi avec la vulve, au moment où la contraction arrive. Dans un cas comme dans l'autre, l'expulsion se fera en douceur. L'enfant glissera progressivement hors de vous. J'ai constaté que les enfants nés ainsi, sans violence, sont des enfants calmes, très éveillés.

## • 22 avril

Le *Guide des maternités*[1] vient de sortir : « 154 maternités visitées, comparées, commentées », annonce la couverture. Je l'achète, je le feuillette. Je découvre des taux affolants d'épisiotomies : dans certains établissements, elles sont systématiques pour les premières naissances, ailleurs on affiche 85 %, 65 %, 40 %. Aujourd'hui, 60 % des femmes qui accouchent en France subissent une épisiotomie, déclare le *Guide des maternités* et, en dix ans, le nombre total d'épisiotomies a augmenté de plus d'un tiers. Bigre ! Pourtant, en feuilletant bien le guide, j'ai trouvé une maternité dont le taux était de 10 %. Comment une telle variation est-elle possible ? Faut-il que l'épisiotomie soit une pratique bien arbitraire pour que sa fréquence varie non en fonction des cas, mais en fonction des maternités et des hôpitaux ! Je n'ai aucune envie de livrer mon sexe à cet arbitraire. Je n'ai aucune envie de me laisser couper le vagin pour rentrer dans les statistiques d'une maternité. Comment cette coutume, puisque visiblement c'en est une, peut-elle être si passivement acceptée par les femmes ? Je sais, on leur dit que c'est indispensable pour éviter les déchirures du périnée. Est-ce la vraie raison ? Pourquoi alors certaines maternités ne la pratiquent-elles presque pas ? Elles n'ont pourtant pas plus de déchirures que les autres... On dit aussi que l'épisiotomie hâte la sortie du bébé. Mais pourquoi, si l'accouchement se passe bien, vouloir à tout prix hâter la sortie du bébé ? Pourquoi faudrait-il après neuf mois de patiente gestation soudain hâter le cours naturel des événements ?

Une sage-femme d'une grande maternité parisienne m'a confié, visiblement désolée, que le choix de l'épisiotomie était une question de cadence hospitalière. Or on va vite dans les grands hôpitaux modernes. Le temps est précieux, bien plus précieux que l'intégrité du corps des femmes... Alors qu'on ne s'étonne pas si les femmes ont les muscles contractés avec une telle épée de Damoclès au-dessus du sexe !

---

1. *Guide des maternités*, édition 1994/1995, publié par Enfants magazine.

**Qu'est-ce qu'une épisiotomie ?**

C'est une incision faite au bas de la vulve pour agrandir son diamètre et laisser passer la tête de l'enfant au moment de l'expulsion. Elle est pratiquée par le médecin ou la sage-femme, le plus souvent à l'aide de ciseaux. On coupe à la fois la paroi vaginale et le muscle. L'incision peut être médiane, entre la vulve et l'anus, ou médio-latérale en direction de la fesse. L'épisiotomie est pratiquée au moment d'une poussée, quand la pression de la tête de l'enfant provoque une sorte d'anesthésie physiologique qui rend l'intervention quasiment indolore. Quand elle est pratiquée avant la phase d'expulsion, on peut faire une anesthésie locale. L'épisiotomie est recousue après la délivrance (l'expulsion du placenta). On recoud en trois plans séparés : vaginal, musculaire et cutané.

PAULE

COMMENT ÉVITER L'ÉPISIOTOMIE ?

Pour prévenir les déchirures pendant l'expulsion, de nombreux médecins pratiquent l'épisiotomie, une incision de la vulve qui agrandit l'orifice vaginal. C'est devenu un geste routinier, même pour les femmes dont les muscles sont suffisamment détendus. C'est dommage car les déchirures complètes sont très rares.

En réalité, il n'y a que quatre indications réelles pour l'épisiotomie : si l'on doit abréger une souffrance fœtale, empêcher l'affaissement du plancher pelvien, l'incontinence urinaire ou la déchirure du sphincter anal. Sinon, c'est absolument inutile.

D'autant plus que le périnée est fait pour laisser passer le bébé et que la vulve est parfaitement extensible. Si seulement on lui en laisse le temps ou simplement l'occasion…

Tout le travail de l'accouchement le prépare d'ailleurs à se distendre : les allers-retours de la tête du bébé massent les muscles du périnée. J'ai aussi constaté qu'une alimentation végétarienne en fin de grossesse assouplissait les tissus. Si on aime les légumes, pourquoi ne pas essayer ?

L'épisiotomie n'est pas un geste sans conséquence, surtout si l'incision est grande. Il y a d'abord la cicatrisation qui peut être douloureuse et longue, elle peut durer plusieurs mois. J'ai même vu des femmes qui avaient souffert toute leur vie d'une épisiotomie mal recousue. On parle encore moins volontiers des difficultés sexuelles que peut entraîner un périnée sectionné, puis recousu et ayant donc perdu en élasticité.

En faisant souffler les femmes avec la vulve, je ne fais que très peu d'épisiotomies, je n'ai même pas besoin de mettre ma main sur la tête des bébés pour éviter les déchirures. Je dis aux mères en les aidant : « Attrapez votre bébé ! » Elles le prennent et le mettent sur leur ventre. Il respire très calmement et se met presque tout de suite à téter, encore relié au placenta. Ce dernier va d'ailleurs se décoller d'autant mieux, la succion des mamelons activant la délivrance. On évite ainsi l'expression, cette humiliante brutalité qui consiste à appuyer sur le ventre de la femme pour en extraire le placenta. C'est tellement mieux ainsi, pour le bébé comme pour sa maman.

**• 23 avril**

« Nous sommes les gardiennes du temps », m'a dit la sage-femme d'une petite maternité. Le temps des mères. Le temps des bébés à naître. Temps si souvent malmené. Même ce précieux temps de la naissance. Jeanne, une grande et belle femme de trente-huit ans, ne voulait pas prendre le risque du temps dérobé. Elle a renoncé au CHU où son père est un grand professeur pour choisir une petite maternité de campagne ; là, elle savait qu'on lui laisserait tout le temps dont elle et son bébé auraient besoin. Est-ce son métier d'archéologue qui lui a donné ce respect du temps qui passe ? Sa petite fille Luna est d'ailleurs née très lentement. Jeanne m'a écrit une belle lettre de mère.

*Bien chère Marie,*

*Il y a longtemps que je voulais t'écrire mais la disponibilité m'a manqué ces premiers mois de maternité. Luna s'éveille tous les jours avec de grands sourires et des gazouillis d'oiseau. La nuit, elle dort comme un ange, mais le jour, elle est d'une telle vitalité que si je ne dors pas les petites demi-heures où elle s'assoupit, j'ai du mal à tenir la distance ! Je ne soupçonnais pas que Luna éveillerait autant de portes en moi et me donnerait autant de force et de douceur...*
*Sa naissance a été très belle. Luna est née à son rythme. Les contractions se sont annoncées le vendredi 23 mars dans la soirée. Vers minuit, nous avons décidé d'aller à la maternité. J'avais choisi une toute petite maternité car je savais qu'on ne m'y bousculerait pas et qu'on ne ferait pas de zèle – au CHU, on n'aurait pas « lâché » d'un instant la fille du professeur. La sage-femme m'a dit que mon col était dilaté à quatre centimètres, mais ensuite il n'a pas progressé jusqu'à 6 heures du matin. Elle nous a proposé de rentrer à la maison et d'y passer la journée. Je suis sûr que dans un grand hôpital on m'aurait rompu la poche des eaux et on m'aurait gardée. Samedi soir, nous revenons à la maternité, le travail s'était déclenché. La dilatation est à quatre centimètres et demi. La sage-femme me propose de m'asseoir sur un petit tabouret de méditation et de me pencher en avant. La dilatation progresse, la poche des eaux se rompt. Je poursuis le travail dans une baignoire d'eau chaude. Ce qui m'aide le plus, c'est d'expirer sur les contractions et de pousser la langue contre la mâchoire inférieure comme Thérèse me l'a expliqué. Mais je suis incapable de contrôler mon bassin. Les contractions sont très denses, je n'imaginais pas qu'elles pouvaient avoir une telle puissance. L'accompagnement de la sage-femme m'évite de demander la péridurale. Vivre chaque contraction comme une nécessité pour faire progresser le bébé me permet de les accepter. Quand j'expire, je prononce le mot « bébé », c'est une technique de sophrologie.*
*La sage-femme m'avait prévenu que des peurs pourraient resurgir pendant l'accouchement. J'ai eu très peur qu'on ait recours aux forceps, je suis moi-même née de cette manière. La sage-femme m'a aidée à gérer ma peur pour qu'elle ne bloque pas le travail. La poussée a duré une heure et demie, debout, accroupie, suspendue*

*au cou de mon mari et enfin couchée sur le côté entre ses jambes sur un grand lit. J'avais une peur panique d'éclater. J'ai d'ailleurs eu la sensation d'un immense déchirement du périnée et je fus très surprise d'apprendre qu'il avait été à peine éraillé. Luna est née le 25 mars à 4 h 32, à son rythme. Elle n'a pas souffert car on lui a laissé le temps, son temps. Elle était toute rose, elle n'a pas pleuré. Je sais qu'ailleurs elle aurait eu droit aux forceps et on ne m'aurait jamais laissée pousser si longtemps. Les mouvements de Thérèse m'ont évité l'épisiotomie et permis une récupération rapide des muscles du périnée.*

*Après, on nous a laissés un bon moment tous les trois, le temps de faire connaissance et d'accueillir calmement Luna. Dès qu'elle a été sur mon ventre, elle a trouvé le sein et s'est mise à téter. Le pédiatre n'est venu que le lendemain pour lui faire un petit examen tout en douceur.*

*Tu vois, maintenant, je peux te dire ce qui m'apparaît essentiel. D'abord, il faut vraiment arriver à vivre sa grossesse dans le calme et le repos. J'ai beaucoup marché. J'ai aussi fait tous les mouvements de Thérèse avec la langue, le périnée et le sacrum. Ensuite, il faut vraiment s'informer pour trouver le lieu où l'on se sente en confiance et accueillie selon ses besoins. Il faut visiter la maternité et y rencontrer les personnes qui y travaillent. Et puis, il faut faire de la naissance une affaire personnelle et non médicale.*

*Enfin, je sens que tout le travail d'anti-gymnastique que j'ai fait pendant ma grossesse me permet d'être à l'écoute de Luna, d'être vigilante à la respecter dans sa personnalité et aussi beaucoup dans la manière de la toucher, de la porter. Avec délicatesse...*

*J'espère te présenter Luna très bientôt. Je t'embrasse.*

*Jeanne*

## • 25 avril

A la maternité, les médecins se suivent et se ressemblent, mais aucun ne me connaît et je n'en connais aucun. Je suis un dossier qui transite de main en main et que je lis à l'envers, quand il est ouvert sur leur bureau. Un jour, j'ai vu un signe ressemblant à IVG +. J'en demande la signification, on me répond qu'il s'agit de mon IVG. Quelle IVG ? ? ? Ah bon, vous n'en avez jamais eu ? Sans se troubler, on biffa les lettres. Cette bourde jeta le trouble dans mon esprit : quelle autre erreur pouvait bien contenir mon dossier ?

Pour cet examen du sixième mois, c'est une petite jeune femme aux yeux clairs et à la voix douce qui me reçoit. Les pieds dans les étriers, elle m'annonce un col parfait. Je tends mon bras droit pour la prise de tension. L'appareil me moule le biceps. Je sens mon sang battre dans mes veines. J'attends. Le médecin fait la moue. Elle semble étonnée.

« Je recommence, la tension est très élevée.

– ...

– Oui, c'est bien cela. Vous avez 15 de tension. C'est beaucoup.

– C'est dangereux ?

– Ça peut l'être pour le bébé.

– Pourquoi ?

– Cela veut dire qu'il n'est pas très bien là où il est. »

Je ne vois pas bien où il pourrait être à part là où il est... La voix douce me dit de revenir le lendemain pour une séance de monitoring. Cette fois-ci, je ne pleure pas. Ni devant le médecin, ni derrière son dos, ni dans la rue. A vrai dire, je commence à douter. Avant de rentrer chez moi, je passe chez la pharmacienne que je connais bien et lui demande de prendre ma tension. Je m'assois dans son arrière-boutique pour enfiler son appareil. 13-8. Ma tension est redevenue normale. De retour à la maison, je téléphone à mon médecin lui annoncer la bonne nouvelle. Celle-ci me répond qu'elle le sait déjà. Elle s'est aperçue que son tensiomètre ne fonctionnait pas. Toutes les femmes enceintes qui m'ont succédé à sa consultation avaient 15 de tension. Les pauvres... Pour peu qu'elles n'aient pas eu l'idée d'aller vérifier leur tension ailleurs, les voilà quittes pour un bon coup de sang. De quoi faire véritablement monter leur tension.

### Qu'est-ce que le monitoring ?

Le monitoring est un appareil qui capte les battements du cœur du fœtus et les retransmet. Dans certaines cliniques, il est utilisé de manière quasi systématique pendant les accouchements. Considéré comme la panacée du contrôle, le monitoring n'est pourtant pas sans inconvénient. L'appareil peut être source de stress supplémentaire pour la mère. Inconfortable, il l'oblige à être ficelée sur son lit ; bruyant et perturbant, il l'empêche de se concentrer.
D'autres techniques, moins lourdes et moins contraignantes, existent pour se rendre compte de l'état du fœtus. Le stéthoscope de Pinard, par exemple, est un petit appareil en aluminium que la sage-femme ou le médecin place sur le ventre de la mère. Il suffit alors de coller son oreille au stéthoscope pour contrôler les battements cardiaques du fœtus. Le stéthoscope de Pinard est d'un maniement peu contraignant pour la mère et il a l'avantage de ne pas envoyer d'ultrasons au bébé, à la différence du monitoring.

**• 26 avril**

La contre-expertise du pharmacien ne m'a pas dispensée de mes séances de monitoring. Prudente, le médecin a préféré ne pas les annuler. Cette fois-ci, c'est une sage-femme qui me reçoit et fixe sur mon ventre la ceinture équipée des capteurs qui vont « écouter » les battements du cœur du bébé.

« Voilà, je vous laisse. Je reviens dans dix minutes. »

Me voilà seule. Le boum-boum du petit cœur résonne dans la pièce. Un cœur de bébé bat très vite : 120-130, parfois 140 pulsations à la minute. Le nôtre palpite à 60-75. Je n'ose bouger de peur de déplacer les capteurs placés au niveau de l'épaule du bébé. Je tords le cou et la tête pour essayer de suivre sur le graphique les mouvements oscillatoires des battements. Le boum-boum s'accélère, je retiens mon souffle, puis il finit par reprendre son rythme de croisière. Les dix minutes me paraissent bien longues.

J'entends enfin les pas de la sage-femme dans le couloir. Je suis ravie de la voir arriver. Elle jette un coup d'œil rapide au graphique.

« Tout va bien. Revenez dans trois jours pour une nouvelle séance. »

Je crois que c'est la goutte d'eau qui fait déborder le vase. Je ne me sens pas protégée, je me sens épiée, torturée. Pourtant, encore une fois, je me tais. Je suis sûre que la sage-femme ne fait qu'appliquer des consignes. Si je lui demande la raison de ce nouvel examen, elle va me donner une longue liste d'arguments péremptoires. En réalité, je suis entrée dans un cercle vicieux. Chaque nouvel examen en entraîne un autre. Même quand tout est normal, on recommence. Mon ventre est devenu une zone à risque, un quartier de haute sécurité. On veut me faire comprendre que fabriquer un enfant est une affaire sérieuse, à ne pas mettre entre toutes les mains, surtout pas celles d'une pauvre mère inexpérimentée. Pourtant, le stress n'a jamais été une bonne méthode de prévention, surtout pour une femme enceinte.

Je suis le parfait exemple de ce que décrit Marsden Wagner, responsable du secteur santé mère/enfant à l'Organisation mondiale de la santé : « Faire entrer les femmes enceintes dans des hôpitaux équipés de tout un matériel technologique important comporte le risque que, dans presque tous les cas, cette technologie sera utilisée, que la femme enceinte en ait besoin ou non. Cet emploi peut conduire à un diagnostic inopportun et donc entraîner un traitement inapproprié. Le nombre de tests pratiqués durant la grossesse est de plus en plus élevé et cependant la science médicale nous démontre que tous ces examens ne sont pas une nécessité absolue. [...] Le risque est la matraque utilisée pour effrayer les femmes et les politiciens de la santé. Dans ce concept, toute naissance est pathologique ou comporte un potentiel pathologique [1]. »

Quelle solution choisir ? S'abstenir de tout contrôle serait puéril et probablement dangereux. Peut-être aurais-je dû choisir une petite maternité où j'aurais toujours été suivie par

1. *Paroles de sages-femmes. Les dossiers de la naissance*, Paris, Stock-Laurence Pernoud, 1992.

la même personne, de préférence une sage-femme expérimentée sûre de son diagnostic qui ne m'enverrait pas consulter des machines pour parer ses insuffisances. Malheureusement, les petites structures sont de plus en plus rares et vont le devenir davantage dans les années à venir.

**• 2 mai**

Mais quel est cet animal qui me pousse dans le ventre ? Il fait des bonds comme une sauterelle, à moins que ce ne soient des sauts de carpe. Dans mes cauchemars, il m'arrive de voir une taupe qui creuse, qui creuse... Une chose est sûre, mon ventre est son terrain de jeu. Plongeon arrière, double salto avant, vrille, équilibre sur les deux poings et, pour finir la séance, un long bâillement de lionceau. Fascinée, je suis des yeux et des mains l'acrobate à la surface de mon ventre : petite bosse à gauche, grande bosse à droite... Il a ses heures, le soir de préférence. Quand je suis allongée et que Martin et moi pouvons l'observer et le caresser à plaisir d'une main, de deux mains, d'un sourire. Mais respectueusement, sans insister. D'autant qu'il a de moins en moins de recoins pour se réfugier s'il préfère être tranquille. Mon utérus doit lui sembler nettement rétréci ces derniers temps. Au début, le bébé était si petit qu'il devait avoir du mal à faire le tour de son domaine. Sa mer amniotique devait lui sembler infinie. Sa perception des lieux s'est progressivement affinée. En touchant les parois de son antre ovoïde, il a dû en conclure que le monde avait une fin et qu'il était clos. Et puis, il y a eu le jour où il a senti la caresse de ma main, à moins que ce ne soit le ventre de son père qui m'enlaçait. Il a compris qu'il y avait quelque chose à l'extérieur, hors de son monde. Il a entendu des voix ou de la musique, peut-être même a-t-il aperçu de la lumière. Sa théorie s'en est trouvée confirmée. Un jour, plus tard, bientôt, il aura envie d'explorer ce monde encore invisible, mais pas complètement inconnu. Je me demande ce qu'il en pensera.

**• 3 mai**

J'ai invité Maud, ma voisine aux yeux cernés par son nouveau-né. « *Il dort surtout dans la journée* », m'a-t-elle confié le sourire las. Pour ne pas démentir sa mère, il est resté sagement immobile dans son couffin, ses petits poings serrés sur ses rêves. Mon bébé à moi était tout fou, il sautait dans tous les sens. Ses bonds soulevaient même ma robe. Maud a pris un air grave pour me prédire des marques indélébiles : « *Ton bébé, il s'empare de toi, te lacère du dedans et puis cela finit par se voir du dehors. Regarde mon ventre*, a-t-elle dit en soulevant son pull, *on dirait le visage d'un vieux chef de tribu, un mélange de rides et de scarifications !* » Pour l'instant, une hérédité chanceuse m'épargne encore les marques blanches des vergetures. Maud est désolée pour moi, elle est très fière de ses stigmates.

# HUITIÈME MOIS

**• 17 mai**

Je suis convoquée pour l'échographie du huitième mois. Son objectif est de déterminer la position de mon bébé. Est-ce bien nécessaire ? Paule m'a dit qu'on pouvait très bien faire le diagnostic en palpant le ventre de la mère. En plus, rien n'empêche le bébé de changer d'avis à la dernière minute, en se retournant pour présenter ses fesses ou le contraire. J'irai malgré tout. Mais, cette fois-ci, j'ai renoncé au cabinet privé et à ses belles photos couleur. Le médecin de la maternité ne pourra pas être pire. L'examen se déroule comme d'habitude : le ventre nu, le gel froid, la sonde qui glisse. Le médecin observe et note silencieusement sur son rapport. Il a l'air satisfait.

« Au revoir, madame.

– Au revoir, docteur. »

Aujourd'hui, exceptionnellement, les couloirs de l'hôpital sont déserts. Je m'assois sur une chaise et ouvre mon dossier médical dans lequel le médecin a glissé son rapport. Mes yeux sautent d'une ligne à l'autre : « *Vitalité : bonne ; biométrie : normale. Remarque particulière : liquide abondant sans excès* (abondant souligné), *estomac peu rempli, à revoir dans trois semaines.* »

A revoir dans trois semaines ! ! ! Quatre échographies, cela ne suffit donc pas ? Et si l'estomac de mon bébé est toujours aussi peu rempli dans trois semaines, que va-t-on me proposer ? Une séance de gavage ? Je ne sais pas si je suis effondrée ou énervée. Mon gros ventre me pèse. Le couloir de l'hôpital est toujours désert. Personne sur qui déverser mon angoisse et ma colère.

**• 18 mai**

Nuit agitée mais portant conseil.

« Allô, docteur, dites-moi, cette cinquième échographie est-elle bien nécessaire ? Après tout, vous avez vous-même écrit que le liquide était "abondant sans excès"... »

Silence sidéré à l'appareil. La blouse blanche se reprend et décide de frapper un grand coup. Il faut tuer la révolte dans l'œuf.

« Madame, ce n'est pas à vous d'en juger ! »

Je retiens un « et pourquoi donc ! ? » et évoque la gêne et le stress occasionnés à mon bébé.

« Pensez-vous ! Si c'était dangereux, on ne le ferait pas. »

Cette fois-ci, la voix est hors d'elle. Je raccroche, renonçant à parler du bébé de Maud qui montrait ses fesses à chaque échographie, « tournant résolument le dos au pinceau d'ultrasons qui le perturbait », a conclu sa mère. Je sens bien qu'on ne m'aurait pas prise au sérieux. Des accoucheurs australiens ont décidé de mesurer les effets d'échographies systématiques et répétées au cours de la grossesse. Ils ont comparé deux groupes de nouveau-nés : les mères des uns (1 415 femmes) avaient subi une série de cinq examens complets aux ultrasons (imagerie par échographie et vélocitométrie Doppler), les mères des autres (1 419 femmes) n'en avaient subi qu'un seul à dix-huit semaines, destiné à déterminer l'âge de la grossesse. L'hypothèse de départ des obstétriciens était qu'un contrôle intensif devait être bénéfique. Ils ont été bien surpris de constater que, contre toute attente, le groupe des « surveillés de près » avait en moyenne un poids inférieur de vingt-cinq grammes à l'autre groupe de nouveau-nés. Quelques grammes en moins que les médecins disent n'avoir pas pris à la légère[1]...

1. Article publié dans la revue scientifique *The Lancet*, 9 octobre 1993.

Il semble bien que le hublot magique ait ses limites et l'assurance tous risques ses effets pervers. Mais cela ne se dit pas. L'échographie devait servir à dépister des anomalies, elle s'est tellement banalisée que c'est devenu la réponse à toutes les questions. De plus en plus de gynécologues l'utilisent même pour confirmer un diagnostic de grossesse. « C'est là un abus typique engendré par la technologie médicale : la machine, inventée pour répondre à des besoins réels (le diagnostic précoce de certaines malformations), est finalement utilisée à d'autres fins, éventuellement pour pallier les incompétences cliniques de ses utilisateurs », affirme le chef du service de médecine néonatale à l'hôpital Port-Royal, le professeur Jean-Pierre Relier[1].

**• 22 mai**

Agnès m'a téléphoné pour m'annoncer qu'elle était enceinte. Elle attend son premier bébé qui doit naître dans un mois. Agnès a épousé un charpentier, elle habite depuis deux ans un petit village perdu dans la montagne. Je lui ai demandé où elle allait accoucher, elle m'a dit qu'elle irait dans la petite maternité du chef-lieu, à vingt-cinq kilomètres de chez elle. Et puis elle a ajouté qu'elle était inquiète de ne pas avoir la péridurale. « *Tu comprends, la maternité est équipée, mais il n'y a qu'une anesthésiste qui n'est là que durant la journée et encore pas tous les jours.* » Elle me dit qu'elle a beaucoup entendu parlé de la péridurale et qu'elle regretterait vraiment de ne pas y « avoir droit » : « *Ce serait vraiment trop injuste de souffrir alors qu'on peut s'en passer.* » C'est vrai, on parle et on écrit beaucoup sur la péridurale ; les magazines, les médecins la présentent souvent comme une panacée. Les femmes citées en exemple dans les journaux ont souvent cette réponse enthousiaste : « *C'est formidable, on ne souffre pas !* »

1. Jean-Pierre Relier, *L'aimer avant qu'il naisse*, Paris, Robert Laffont, 1993.

Après l'accouchement sans douleur, l'accouchement sous péridurale est le nouveau modèle du prêt-à-accoucher. C'est fou comme les modes changent. Il y a quelques années, les femmes qui réclamaient la péridurale avaient encore bien du mal à l'obtenir. On les traitait de douillettes et les enjoignait à endurer leur peine, si possible en silence. Aujourd'hui, c'est l'inverse. A Paris, huit femmes sur dix accouchent sous anesthésie péridurale. En province, le pourcentage est beaucoup plus bas, souvent faute d'équipement ou de personnel compétent.

Brigitte fait partie de ces femmes de plus en plus nombreuses qui ont « eu droit » à la péridurale. Brigitte est documentaliste. Que ce soit pour partir en vacances ou pour accoucher, elle ne fait jamais rien au hasard. Avant d'accoucher, elle avait lu de nombreux articles sur la péridurale et avait aussi questionné son gynécologue. Il lui a fait cette curieuse réponse : « *Si vous achetez une voiture neuve, vous voulez tout le confort moderne, hein ? La direction assistée, l'air-bag et les freins ABS ? L'accouchement, c'est pareil. Alors il faut pas se priver.* » Surprise, elle a reposé la même question à la sage-femme de la maternité qui lui a répondu en rigolant : « *Écoutez, c'est simple, vous voulez avoir mal ou vous voulez la péridurale ?* » Brigitte a fait « hum, hum », à moitié convaincue, mais elle a senti qu'elle n'avait plus le choix. Le consensus sur la dernière technique vedette était général. Brigitte, qui habite Paris, a donc accouché sous péridurale. Quand son fils est né, je suis allée la voir à la maternité et je lui ai demandé ce qu'elle avait ressenti pendant la naissance. Je me souviens encore de ses mots désabusés : « *Pour mon deuxième accouchement, je ne la demanderai pas.* » Et puis, elle m'a parlé de sa frustration : elle avait eu l'impression d'être complètement dépossédée de la naissance de son fils. « *C'est comme si j'avais assisté à mon accouchement sans y participer. Le médecin et la sage-femme officiaient, injectant alternativement le produit anesthésiant et le produit destiné à stimuler les contractions. Mon accouchement s'est déroulé sous leur contrôle et à leur rythme, pas au mien, ni à celui de mon bébé.* »

« *Bien sûr, tout était très "clean"* », a-t-elle ajouté. En effet, ce type d'accouchement discipliné est certainement très rassurant. Pas de colère, pas de cris, pas d'agitation : la chair n'a pas souffert. Mais est-ce là la vraie demande des femmes ? Pour Brigitte, comme, j'en suis sûre, pour d'autres femmes, la réponse était inadaptée. Peut-être l'est-elle aussi pour Agnès qui se désole pourtant à l'avance de ne pas « l'avoir ». Malheureusement, la machine médicale ne perd pas de temps en dialogues inutiles. La plupart des grandes maternités sont désormais rodées pour faire accoucher sous péridurale. Les femmes qui font mine de s'en passer compliquent la routine hospitalière. D'ailleurs, on fait souvent tout pour les ramener à la raison. Le mensuel *Profession sage-femme* signale dans son numéro d'avril 1994 l'usage de pressions particulièrement convaincantes pour amener les femmes à accepter la péridurale[1]. Tout d'abord, on tente l'arme fatale : la culpabilisation : « *Si ce n'est pas pour vous, faites-le pour le bébé.* » Lorsque la femme s'entête, on augmente la dose d'ocytocines dans sa perfusion, ce qui a pour effet d'accélérer d'un coup les contractions et donc les douleurs. Pour finir, on dit à la femme : « *Vous voyez bien qu'il faut faire la péridurale !* »

Pourtant, je pense qu'il n'y a pas que des raisons d'organisation et de cadences qui poussent les maternités à « encourager » la péridurale. Une mise au monde est dérangeante, inquiétante. Sa puissance émotionnelle, douleur et bonheur mêlés, son mystère bouleversent nos repères. Comme la mort. La naissance et la mort ont d'ailleurs ceci en commun : le silence et le non-dit dont on les entoure. Les rituels modernes du commencement et de la fin de la vie sont étrangement similaires : extrêmement médicalisés. Les raisons avouées sont les mêmes : sécuritaires, hygiénistes. Les raisons tues sont aussi les mêmes : masquer le désordre de l'émotion et de la douleur.

Finalement, la mère est dépossédée de son accouchement comme le mourant l'est de sa propre mort. Ils n'ont qu'à se soumettre silencieusement au rituel technique. Pourquoi auraient-ils la parole, eux qui ne sont – pour un instant ou pour toujours – plus rien ? En entrant à la maternité, la mère dépose

1. *Profession sage-femme*, avril 1994, article de Philippe Thomine, « Péridurale, la nouvelle donne ».

son identité comme le mourant abdique la sienne en entrant à l'hôpital. Peu importe qui ils sont ou ont été, seul compte désormais l'acte auquel ils se préparent : donner la vie ou la perdre. Naître, faire naître ou mourir, cela ne doit être qu'une parenthèse dans la « vraie » vie. La jeune mère doit oublier l'épreuve de la naissance, redevenir vite, très vite, la jeune femme qu'elle était. Les survivants du mort, les parents, les amis se doivent à la même amnésie. Vite déménager, refaire sa vie, reprendre son travail. Oublier, faire table rase. On donne la vie comme on meurt : sans rien oser sentir, sans paroles, sans larmes.

Chez la mère, le silence perdure. Je suis souvent étonnée du peu de mots qu'ont les mères accouchées sous péridurale pour raconter l'événement. Pourtant, l'émotion est là, forcément. Tapie quelque part dans la mémoire du corps, mais à jamais inexprimée.

**• 23 mai**

Agnès m'a rappelée hier soir – elle qui ne m'écrivait qu'une fois par an ! Se savoir dans le même état que moi nous rapproche.

« Et tu n'as pas peur d'avoir mal ? m'a-t-elle demandé.

– Et toi ?

– Ben oui ! Pas toi ? »

Non, je n'ai pas peur. Ce n'est pas faire la courageuse que de dire que je n'ai pas peur de quelque chose qui est en moi. Quelle que soit la forme, pour l'instant totalement mystérieuse, que prendra ma douleur, elle m'appartiendra, elle m'appartient déjà. La douleur de l'enfantement ne sera pas une douleur subie. Elle n'aura rien à voir avec la douleur du corps blessé, du corps meurtri. Cette douleur-ci, j'en suis sûre, mine, avilit, diminue. Celle-ci mérite d'être anesthésiée. Pas celle de l'enfantement. Pas pour moi. J'ai entendu beaucoup de femmes parler des douleurs de l'accouchement comme d'une souffrance subie. Pour elles, la sensation douloureuse des contractions est intolérable, c'est une malédiction héritée de mère en fille, un passage obligé inacceptable à l'heure où la pharmacopée permet de s'en passer. Faire taire cette douleur leur semble vital. Je les comprends. Je les comprends d'autant mieux qu'elles se préparent le plus souvent à accoucher dans des lieux froids et impersonnels, où tout le monde ne leur parle que de peine à endurer ou au contraire d'anesthésiant miracle qui va les soulager.

Mais n'est-ce pas un leurre ? Derrière le discours antidoloriste des femmes n'y a-t-il pas autre chose ? La peur de l'inconnu, la peur de l'émotion, la peur d'être mère, la peur d'être responsable d'un autre être. Une anesthésie pourra-t-elle soulager ces peurs ?

Il n'y a pas longtemps, une étonnante sage-femme m'a confié ce que son expérience lui avait appris de la douleur de l'enfantement. Jamais je n'avais entendu pareille analyse et pourtant, intuitivement, je la sens profondément exacte. D'après elle, « *ce n'est pas la contraction qui fait mal. C'est la douleur qu'on porte en soi, cachée. C'est sa propre souffrance que la contraction révèle. Au début du travail, je vois souvent des femmes en lutte avec elles-mêmes. Elles se battent contre la contraction. Ce n'est que quand elles parviennent à contacter la souffrance qui est en elles qu'elles lâchent prise et que la douleur s'atténue. Il faut arriver à reconnaître que la souffrance fait partie de soi, qu'elle est en soi pour que tout s'apaise* ».

Laisser sa douleur s'exprimer peut alors être profondément nécessaire car cela permet à la mère d'avancer dans la connaissance d'elle-même, c'est-à-dire aussi de sa propre naissance. Naître soi-même en donnant la vie.

THÉRÈSE

Comme tout devient clair. Bien sûr, c'est la douleur que l'on porte en soi qui surgit, fulgurante, au moment d'accoucher. La douleur enfoncée dans le corps, dans les organes, dans la peau, dans le cœur, dans les bras, dans les jambes, entre les jambes, dans tout le corps pétri de notre histoire, absorbée au goutte à goutte jour après jour, année après année.

Secoué par un ouragan sans pareil, le corps se révèle dans sa nudité totale. L'épreuve de vérité est foudroyante. La douleur débridée galope à travers les muscles et les nerfs. Pour s'enfuir ?

Mais oui, certainement, pour s'enfuir, pour quitter le corps et l'âme pendant que le nouveau-né s'avance irrésistiblement.

Les tremblements, l'affolement de tout le corps ressemblent étonnamment à ce que j'ai parfois rencontré dans mon travail, quand les muscles gorgés d'émotions finissent par céder, et quand la mémoire endiguée trop longtemps remonte du fond du corps. Le mystère de la naissance, une partie du mystère, c'est peut-être cela, une énergie violente qui traverse le corps de haut en bas.

**Qu'est-ce que la péridurale ?**

L'anesthésie péridurale consiste à injecter, au moyen d'une aiguille creuse insérée entre deux vertèbres, un produit qui insensibilise les nerfs de la moitié inférieure du corps et soulage ainsi la douleur physique. La mère ne sent plus son ventre, ni son bassin, ni son sexe, ni ses jambes, mais elle reste consciente. Elle n'est pas complètement hors circuit, à la différence de l'anesthésie générale qui ne se pratique presque plus, même pour la césarienne qui a souvent lieu sous péridurale.

PAULE

À PROPOS DE LA DOULEUR

Les femmes ne sont pas égales devant la douleur de l'accouchement. Certaines se tordent de souffrance, d'autres ne sentent rien ou presque. A cela de nombreuses raisons, physiologiques et psychologiques. Notre corps n'est pas démuni face à la douleur, il a ses propres défenses. Au moment de la naissance, l'organisme maternel sécrète une hormone appelée endorphine. C'est un analgésique semblable à la morphine. L'endorphine endort la douleur et procure du bien-être. Si la relation du personnel de la maternité avec la mère est sécurisante et apaisante, sa sécrétion d'endorphine va augmenter. L'ambiance, l'atmosphère dans laquelle la femme accouche, la confiance qu'elle a, ou n'a pas, en elle-même, en sa sage-femme, en son médecin, ont donc une grande influence sur la manière dont elle ressentira la douleur. Une étude britannique, citée par Jeannette Bessonard dans *Paroles de sages-femmes*[1], montre que, lorsque les femmes connaissent la sage-femme qui les accouche, le nombre d'anesthésies au cours du travail diminue tandis que la proportion d'accouchements normaux et naturels augmente.

A ce propos, je me souviens de Mme D. Quand elle est arrivée à la maternité, elle était souriante et détendue. Le travail s'est poursuivi rapidement, elle supportait très bien ses contractions jusqu'à ce que l'infirmière l'amenant en salle de naissance lui annonce, croyant faire une bonne plaisanterie, qu'on l'emmène « en salle des tortures ». Mme D. a alors cessé de contrôler ses contractions, elle s'est laissée dépasser par la douleur et nous avons eu beaucoup de difficultés à l'adapter. C'était le mot qu'il ne fallait pas prononcer.

La douleur n'est pas non plus étrangère à l'histoire émotionnelle de la femme. A-t-elle envie ou redoute-t-elle de laisser aller son enfant, de le mettre au monde ? A-t-elle peur de la séparation ? Tout accouchement renvoie à sa propre naissance. En accouchant, la mère revit le traumatisme de sa mise au monde. Née par forceps, elle aura l'angoisse des forceps. Née par césarienne, elle aura l'angoisse de la césarienne. Or c'est souvent la peur, l'angoisse qui engendrent la douleur. La théorie est ancienne, et je l'ai vérifiée à chaque naissance. Une femme qui a peur aura des contractions exagérées des muscles, particulièrement de la région lombaire et du bassin. Le bébé s'engagera mal, l'utérus devra redoubler d'efforts pour vaincre l'obstacle musculaire, les contractions seront plus fortes, plus longues et plus douloureuses. On entre dans un cercle vicieux. Comment faire face à ces contractions, que faire pour les rendre très supportables et apprivoiser la douleur ? Comment garder son calme et vivre intensément, mais sans les subir, les sensations si fortes, si puissantes de la mise au monde ? Tout le travail d'anti-gymnastique avec la langue, les lèvres, les mâchoires,

1. *Paroles de sages-femmes*, *op. cit.*

les yeux, les chevilles, les pieds, les orteils peut vous y aider. Thérèse vous a expliqué les liens entre ces parties de votre corps et les muscles de votre bassin. En soufflant avec la vulve pendant les contractions, vous continuerez à relâcher ces muscles clés, votre bébé sera ainsi naturellement poussé par la contraction utérine vers le canal qu'il doit franchir pour naître. Les contractions ne s'éterniseront pas car toutes seront efficaces. La douleur sera là, mais supportable, d'autant plus que le bébé viendra vite. Si vous ne vous êtes pas encore décidée à demander une péridurale et que vous la gardez en réserve, comme un joker au cas où la douleur deviendrait insupportable, il est probable que vous déciderez finalement de vous en passer. Vous n'aurez ni envie ni besoin d'être anesthésiée. Vous serez trop contente de vivre pleinement votre accouchement.

Les sages-femmes reprochent souvent à la péridurale de les reléguer dans un rôle de technicienne. C'est le médecin qui décide de tout. D'autres sages-femmes, au contraire, apprécient la péridurale car elle leur permet de travailler plus facilement, les femmes se tenant tranquilles. C'est très révélateur d'un nouvel état d'esprit. On oublie que c'est avant tout la mère qui accouche, pas le médecin, ni la sage-femme ! L'anesthésie coupe la femme de son corps à un moment où elle a justement terriblement besoin de savoir et surtout de sentir ce qui s'y passe. La voilà immobilisée, rivée sur son lit pendant tout le travail, incapable de se fier à ses sensations – puisqu'elle n'en a plus ou presque. Elle ne peut qu'obéir aux ordres du médecin et se soumettre à ses interventions. La moitié supérieure de son corps assiste, impuissante et soumise, à l'intervention médicale pratiquée sur sa partie inférieure. Incapable de participer, la femme est condamnée à subir ; quant à son bébé, il doit affronter seul les contractions. Sa mère est obligée de l'abandonner en pleine tourmente, ils ne font plus la route ensemble.

# NEUVIÈME MOIS

**• 21 juin**

L'histoire de Francine est un signe. Un signal d'alarme. Des femmes râlent. Elles disent qu'elles en ont marre d'être bousculées, pas écoutées, pas respectées, coupées, endormies, ligotées. Elles veulent autre chose. Elles disent que l'hyper-médicalisation, c'est l'ère de la glaciation. Ce n'est pas l'ère de la maternité, de la vie. Francine vient d'avoir un petit garçon. Il est né à la maison. C'est son deuxième enfant ; le premier, une fille, est né à la maternité. Son entourage, affolé, a bien sûr tout fait pour la faire renoncer. D'ailleurs, elle ne l'a même pas dit à ses parents, persuadée qu'ils croiraient leur fille complètement folle. En Hollande, presque la moitié des femmes décident d'accoucher à la maison. 10 % de ces femmes sont transportées vers des hôpitaux durant le travail, mais il reste 37 % qui accouchent finalement à domicile.

*Ma chère Marie,*

*Ulysse est né ! C'était un moment de grâce. Autant mon premier accouchement avait été un désastre, autant celui-ci m'a fait léviter ! Mais avant de te raconter comment s'est passée la naissance d'Ulysse, il faut que je t'explique pourquoi j'ai choisi d'accoucher à la maison. Il faut donc que je te parle de la naissance de Noémie. C'était il y a cinq ans. J'ai vécu cette première grossesse sous le signe de la peur et de la solitude. L'hôpital était affreusement anonyme. Je ne savais pas qui allait m'accoucher, une de ces sages-*

*femmes, mais n'importe laquelle. Les cours de préparation à l'accouchement ne m'ont jamais rassurée, ils étaient presque ridicules. Je me souviens, quand on m'a fait visiter la salle d'accouchement, mon cœur s'est mis à battre à 120.*

*Je me suis dit : vraiment, je ne peux pas aller dans cette salle. Mais je savais que c'était là que cela allait se passer... Alors, j'ai consacré toute mon énergie à être sûre d'obtenir une péridurale. Je ne voulais pas souffrir. C'était mon obsession. Mais – formidable acte manqué, diraient les psychanalystes –, quand je suis arrivée à la maternité pour accoucher, on m'a dit qu'il n'était plus temps de faire une péridurale. Mon col était déjà trop dilaté. On m'avait tellement serinée de ne pas venir trop tôt... Quand j'ai entendu cela, j'ai été prise d'une peur panique. A peine arrivée, on m'a posé une perfusion et on m'a branché un monitoring. Au lieu de me concentrer sur mes contractions, je scrutais l'appareil avec les autres. L'événement n'était plus mon ventre, mais la machine. J'ai fini par accoucher... Je n'ai presque rien senti. Ni douleur ni rien. J'étais contente parce que j'avais échappé à l'épisiotomie. J'avais interdit qu'on m'en fasse, menaçant de refuser de pousser si on me découpait ! Visiblement, j'ai dû crier suffisamment fort pour me faire entendre.*

*Quand le bébé est sorti, on l'a mis sur moi, mais j'avais vraiment l'impression que c'était uniquement parce que tout le monde dit qu'il faut mettre le bébé sur sa mère... D'ailleurs, très vite on me l'a enlevé. Quelqu'un a coupé le cordon et on a emmené le bébé dans la pièce à côté. Là, on lui a mis des tuyaux dans le nez.*

*Je me souviens avoir timidement demandé si je pouvais avoir mon bébé et on a fini par me le rendre. On l'a fait téter, mais ce n'était pas aussi simple que je l'espérais.*

*Je suis restée une semaine à la maternité et j'ai trouvé le séjour intolérable. La solitude continuait. Rien n'était fait pour m'aider à entrer en contact avec le bébé. Je me souviens d'une question, toujours demeurée sans réponse : fallait-il que je garde le bébé avec moi la nuit ou pas ? Je n'osais même pas y répondre par moi-même. J'étais là avec cet enfant, presque cette chose, et je le regardais... je le regardais.*

*Je n'arrivais jamais à me reposer, je devais vivre au rythme de l'hôpital. La température, les soins, les visites du gynécologue avec qua-*

*rante personnes autour. Je me souviens d'avoir fait une fixation sur ce gynécologue. Il n'a absolument pas entendu ma détresse et je n'arrivais pas non plus à la dire à mon mari.*

*Tu ne me croiras pas, mais quand j'ai attendu mon deuxième enfant, j'ai recommencé dans la même voie. J'ai rencontré le gynécologue le plus carré qui soit et je suis allée m'inscrire dans une maternité, différente de la première, mais semblable en tout point. Quand j'y suis allée, tout le monde était débordé : j'ai été reçue par la femme de ménage. Elle m'a gentiment fait visiter l'endroit qui était parfaitement sinistre. Je me suis dit : c'est impossible.*

*Je ne sais pas quand m'est venue l'idée d'accoucher à la maison. En fait, au début, je rejetais totalement le principe. Une amie qui avait accouché chez elle m'a tout de même donné l'adresse de « Naître à la maison », une association de sages-femmes qui pratiquent ce type d'accouchement. Je suis allée à une réunion, traînant mon mari avec moi. Il y avait six couples. J'ai été frappée du fait que tout le monde posait des questions sur la sécurité. C'était clairement l'obstacle à franchir. Chacun a dit ses pires angoisses. Il y avait une femme qui disait : « Ma grande peur, c'est le cordon autour du cou. » Une des sages-femmes, une ancienne boat-people qui a accouché des gens dans le monde entier, même quand elle était boat-people, a calmement expliqué : « Le cordon autour du cou, ce n'est pas un problème, on l'enlève. S'il est tourné deux fois, on l'enlève deux fois ; trois fois, on l'enlève trois fois. » A toutes nos questions, les sages-femmes répondaient très simplement. Toutes les complications que nous avions lues dans les livres avaient une solution. C'étaient des cas qu'elles avaient rencontrés. Leur réponse n'était jamais : il va y avoir telle machine, vous êtes dans un hôpital super-équipé, ne vous posez pas de problèmes. C'était la réponse d'une personne à une autre personne. Pour une fois, la peur était entendue. J'ai eu un déclic. Il fallait encore que je convainque mon mari. J'ai acheté des revues, j'ai lu des livres.*

*Il me restait à réfléchir sur mes angoisses. Je savais que mon gros problème était mon plaisir d'être enceinte et ma résistance à faire sortir l'enfant. J'y ai beaucoup pensé et je crois que cela a été efficace. J'ai passé le dernier mois allongée, j'avais un peu forcé à Noël et la sage-femme m'a conseillé le repos. Elle était très rassurante, mais elle ne m'a jamais prise en charge. Ce n'était pas la peine ; cette fois, je me sentais véritablement concernée. Je me demandais ce qui allait se passer si le bébé arrivait avant la sage-femme. Elle ne m'a pas dit : cela n'arrive jamais. Elle m'a expliqué que faire. Vous faites ceci et cela. Le contrat entre elle et moi était très clair. A elle revenait tout le risque professionnel, dans les gestes qu'elle allait faire. Mais elle ne prenait pas le risque qui revient à la mère. On est complètement sorties de la relation d'assistanat de la maternité. J'ai fait tout ce qu'il fallait pour que ma grossesse et mon accouchement se passent bien. Je crois que c'est là la meilleure prévention qui soit, celle où la mère n'est jamais déresponsabilisée.*

*Avant la date prévue pour l'accouchement, j'ai commencé à surveiller de près les contractions. Une nuit, elles se sont rapprochées. A 7 heures du matin, j'ai appelé la sage-femme qui m'a répondu qu'elle allait se préparer et m'a conseillé de prendre un bain. Je me suis lavé les cheveux en pensant que je n'aurai plus tellement le temps de le faire après ! La sage-femme est arrivée. J'avais faim. Je lui ai demandé si je pouvais manger, elle m'a dit de faire comme je voulais. Je lui ai dit : vous ne croyez pas que je vais vomir ? Elle m'a répondu : eh bien vous vomirez, ce n'est pas un problème, vous avez une cuvette.*

*Je me suis préparée, j'ai demandé à ma fille si elle voulait aller chez la petite voisine. Elle m'a dit non. Elle est restée dans sa chambre. La sage-femme m'a examinée. J'ai arrangé le lit dans la chambre avec des coussins pour pouvoir être un peu surélevée. La sage-femme a installé toutes ses affaires. La bouteille d'oxygène, le sang artificiel, etc. Quand j'avais mal, je criais. Cela venait comme ça, je ne l'avais pas prévu.*

*Quand la tête du bébé est apparue, j'ai commencé à pousser. Dans ma tête, je me répétais : maintenant, il faut laisser sortir ce bébé. J'étais toute à cela. La sage-femme me faisait des massages. Le bébé est né. Mon mari a dit : c'est un garçon, il te ressemble. La sage-femme me l'a tout de suite passé puis elle a fait un pas en arrière – elle a toute ma gratitude pour ce seul geste-là. J'en ai encore l'émotion serrée au fond du cœur. Puis elle s'est rapprochée pour regarder le bébé, elle s'est assurée qu'il respirait bien et elle nous a laissés.*

*Nous avions tout le temps devant nous, il n'y avait rien de pressé et c'était merveilleux. Nous avons un peu nettoyé Ulysse, nous lui avons enlevé le sang pour que ce ne soit pas trop impressionnant, mais nous lui avons laissé son vernix, puis Noémie est venue. Nous étions là tous les quatre. Noémie a regardé le bébé, elle l'a vu bouger. Nous avons eu le moment d'émotion que nous n'avions pas pu vivre à la maternité. Je ne sais pas combien de temps cela a duré. La sage-femme n'a rien dit, elle ne nous a même pas spolié de tous les mots qu'on peut dire autour d'un bébé. Elle ne s'est pas immiscée. C'était d'une grande humanité. Ulysse a commencé à téter. Plus tard, le père a coupé le cordon. C'est un peu dur de couper, mais nous l'avons fait quand même. Le placenta est venu tout de suite. Nous l'avons longuement regardé, tourné de tous les côtés. Nous avons passé l'après-midi très tranquilles, personne n'est venu nous déranger. Nous avons discuté avec Noémie. Elle m'a dit qu'elle était inquiète parce qu'elle m'avait entendue crier. Je lui ai expliqué pourquoi j'avais crié et je lui ai dit que j'avais oublié l'avoir fait. Nous aurions pu nous dire que son inquiétude avait été le seul effet négatif de l'accouchement à la maison, mais en réalité je pense que non. Présents ou pas, les enfants ont des fantasmes autour de la naissance. Ils savent des choses, voient des images à la télévision, comme des bébés avec du sang. Cela les marque beaucoup. Je crois que Noémie a eu la chance de pouvoir en parler et peut-être de sortir ainsi une grande peur de l'humanité. Je n'avais même pas préparé de lit pour Ulysse, il allait de soi que, cette fois, ce serait dans mon lit qu'il dormirait. La sage-femme est revenue le deuxième jour et c'est seulement à ce moment-là qu'elle a fait les examens classiques et qu'elle a parlé du bébé. Elle était comme la bonne fée des contes qui se penche sur le berceau des nouveau-nés. Elle n'a dit que de belles choses sur Ulysse. Je pense avoir fait à Ulysse le plus beau cadeau qui soit : une naissance sans heurts, sans angoisse et sans peur aucune.*

*Je sais que tu n'accoucheras pas à la maison, mais je souhaite de tout mon cœur que tu puisses vivre la naissance de ton bébé dans le respect et la liberté.*

*Je t'embrasse très fort.*

*Francine*

**• 22 juin**

Garance, l'amie de toujours, et Étienne, l'élu de son cœur, deux fous de 7e Art, se marient aujourd'hui... dans un cinéma. Depuis deux jours, je fouille mes placards à la recherche d'une tenue adaptée à mon volume. J'essaye, je retourne : le devant derrière, le haut à la place du bas, toujours trop petit, trop serré, trop étriqué. J'ai trouvé un tube de jersey noir... Je le remonte sous les bras, c'est une robe bustier. Les épaules des femmes enceintes sont belles, rondes. Une chemise en mousseline de soie à fleurs rouges et vertes, un foulard de soie vert sombre, du rouge à lèvres.

J'allais oublier, je suis pieds nus. La cérémonie commence dans une demi-heure. Avec ou sans chausse-pied, le résultat est toujours le même : aucune ballerine, aucune sandale n'est assez grande pour mes pieds gonflés. Il y a bien mes chaussures chinoises, mais ce sont des pantoufles. Cendrillon aux pieds gonflés. Elles sont noires ces pantoufles, elles iront parfaitement !

THÉRÈSE On s'acharne à découvrir des malformations dans un embryon gros comme un haricot. Il existe des pages entières de manuels sur les anomalies du fœtus. Pas une ligne sur la perfection des nouveau-nés. Pourtant, la nature reproduit son prodige des millions et des millions de fois, aussi sûrement que le soleil se lève sur la planète ; des êtres au corps organisé selon un plan parfait viennent au monde. Est-ce que cela compte pour rien ? Est-ce que cela ne mériterait pas d'être connu ?

Imagine-t-on un bébé avec, par exemple, des pieds pointus, des orteils tordus et bossus ? Pourquoi ces pilons si vilains dont la forme laisse à peine imaginer les pieds nés parfaits qu'ils étaient il y a quelques dizaines d'années ? « C'est la vie, dit-on, on n'y peut rien. » Oui, c'est la vie, les répressions et les compressions de toutes sortes. Mais on y peut quelque chose, autre chose que de fourrer ses pieds dans des chaussures et d'essayer de les oublier, en les cachant.

Comment les oublier, d'ailleurs, quand ils se mettent à gonfler et refusent d'entrer là où ils se recroquevillaient si docilement il y a quelques semaines ? Non, je n'essaie pas de te dire que tes pieds sont déformés. Je sais qu'ils ne le sont pas. Mais puisque tu as besoin de tenir solidement par terre en ce moment, laisse-moi te rappeler que l'architecture de nos pieds est un petit miracle de perfection, avec ses voûtes, ses clés de voûte, ses piliers et ses vingt-six petits os tous interdépendants. La forme qu'ils ont en naissant, plus étroits au talon qu'aux orteils, et leurs bords rectilignes, ils ne devraient jamais les perdre ; seule leur voûte devrait apparaître au moment où l'on fait ses premiers pas.

En fait, ils supportent toutes les raideurs et les douleurs de notre corps. Venues du haut, du cou, du ventre, des jambes, les raideurs cheminent très lentement pendant des mois et des années, le long de la musculature ; arrivées au bout de la chaîne musculaire, c'est-à-dire aux pieds, elles soulèvent les orteils, compriment, déforment les articulations. La forme de nos pieds ne sait pas mentir, elle avoue tout de nos misères cachées : la respiration bloquée, les cicatrices d'interventions chirurgicales à l'abdomen, les accouchements difficiles, les douleurs du nerf sciatique, l'anxiété, la vie pas facile. L'*hallux valgus*, ou oignon, est par exemple très caractéristique du blocage du diaphragme.

Si la forme des chaussures des femmes n'a aucune ressemblance avec celle d'un pied humain, c'est peut-être pour essayer d'étouffer ce qu'ils ont à dire ; en leur imposant une forme arbitraire, on s'empêche de voir l'expression torturée de leur forme authentique.

Pendant la grossesse, la musculature est souple et malléable, elle le reste quelques mois après l'accouchement. Le corps n'est pas fait seulement de muscles, mais seuls nos muscles donnent à notre corps sa forme. Un travail des pieds favorise, bien sûr, la circulation sanguine et lymphatique, apporte la stabilité, le bien-être. Et comme tout se tient dans le corps, tu peux aussi par la base dénouer ton diaphragme, libérer tes épaules.

*Mouvement des pieds n° 13, p. 153.*
*Mouvement des chevilles n° 14, p. 154.*

**• 29 juin**

La nuit a été longue. Quart de tour à gauche, quart de tour à droite, le demi-tour est oublié depuis des mois. Dormir sur le côté gauche pour ne pas comprimer la veine cave qui se trouve à droite, avec le poids du bébé. Quart de tour à gauche et c'est tout, donc. Avec deux oreillers, à plat j'étouffe.

**• 7 juillet**

L'expression « j'attends un enfant » prend toute sa dimension. Il est là et pas là. J'ai envie de le prendre dans mes bras, de l'embrasser. Le temps me semble suspendu. Mes gestes sont de plus en plus lents, mes mouvements comme décomposés. Je m'accorde à son temps. Une semaine est un temps infini pour un enfant, une journée doit paraître sans fin pour un fœtus. J'ai rêvé d'une montre perdue. Je pense à son visage, à son corps, à son sourire baigné de liquide amniotique. Les scientifiques se demandent ce qui déclenche la naissance. Ils connaissent la substance hormonale qui déclenche le travail, c'est la prostaglandine, mais ils ne sont pas certains des mécanismes qui induisent sa synthèse. Certains chercheurs pensent que tout se joue au niveau du placenta, d'autres pensent que c'est la mère qui prend les devants, cessant un jour de tolérer la présence du fœtus dans son organisme. Une troisième thèse, plus récente, penche pour la responsabilité du bébé. Le rein du fœtus sécréterait une substance intervenant dans la production des prostaglandines. En réalité, le mystère plane toujours et c'est tant mieux. Peut-être y a-t-il accord tacite entre la mère et son enfant ? Après neuf mois de liens fusionnels, la décision d'une séparation ne peut se faire sans qu'ils soient tous deux mûrs pour l'affronter. Pourtant, le déclenchement des accouchements à la carte est de plus en plus fréquent. C'est un « plus » que de nombreuses maternités offrent maintenant à leur clientèle pressée. Belle prouesse s'il s'agit de sortir un fœtus d'un mauvais pas : le bébé ne pousse pas bien, il souffre ou le terme prévu est dépassé (encore faut-il s'assurer qu'il n'y a pas eu erreur dans les prévisions). Mais, de plus en plus souvent, c'est par pure convenance que l'on déclenche les accouchements. Avant les vacances et les fêtes par exemple, pour être sûr que le médecin que l'on a choisi soit bien là. Encore une fois, le rythme naturel de la naissance est bafoué. Une sage-femme m'a expliqué qu'« *on séparait deux êtres qui n'ont pas fini leur temps ensemble* ». Selon elle, ce n'est pas sans conséquences : « *Même si le bébé est prêt physiquement, la mère et l'enfant ne sont pas suffisamment structurés pour aller vers leur liberté.* » Elle a d'ailleurs remarqué que, quand ce temps-là n'était pas respecté, la mère se montrait bien souvent hyper-possessive après la naissance. Parfois, le corps des mères résiste à l'intrusion du temps médical. Le processus de déclenchement échoue. Sonia devait accoucher le 10 avril mais son médecin partait en vacances le 5. D'un commun accord, ils ont programmé l'accouchement pour le 1er avril. Sonia arriva à la maternité à 9 heures, on lui fit une perfusion d'ocytocites pour déclencher ses contractions. L'utérus ne réagit pas ou pas suffisamment. Le bébé ne progressa pas. On reperfusa, on attendit. Les contractions étaient toujours aussi faibles. On dut faire une césarienne... Sonia n'a pas osé le dire, mais elle désapprouvait ce déclenchement... Sa tête s'était résolue, pas son corps. Il s'est fait plus fort que la chimie. Sonia n'est pas une exception. Une équipe de sages-femmes belges a mené une étude[1] sur deux cent quarante femmes dont la grossesse fut parfaitement normale et dont le bébé ne présentait aucune anomalie. Les

1. Cf. *Paroles de sages-femmes, op. cit.*

conclusions de cette étude ont montré que le déclenchement artificiel entraîne un travail plus long, un emploi d'analgésiques plus important, un nombre de césariennes plus élevé et un score d'Apgar des nouveau-nés moins favorable. Il y a aussi Natacha qui devait accoucher vers le 23 mars. Le 1er avril, le bébé n'était toujours pas là. Le terme était dépassé d'une semaine. La sage-femme de Natacha qui devait l'accoucher à domicile a décidé d'attendre, pensant qu'il devait se cacher quelque chose derrière ce retard. Peu d'hôpitaux en auraient fait autant. Le soir du 1er avril, Natacha a décidé d'écrire. « *Je ne pouvais pas parler, j'ai choisi ce moyen de communication.* » Deux feuilles d'une grande écriture ronde pour « poser les mots », m'a-t-elle dit. « *Mon enfant était prêt, mais pas moi. Je voulais comprendre pourquoi je ne le laissais pas sortir. J'ai écrit ma peur. Peur de me séparer de lui. Peur de l'inconnu. Orpheline, je ne sais rien de mes origines et j'ai tout oublié de mon enfance. Donner le jour à mon enfant, c'était renouer avec ce trou noir dans ma vie. Cela me bloquait totalement. Une heure après avoir posé mon stylo, j'ai eu les premières contractions. Six heures plus tard, mon fils naissait à la maison. Magnifiquement !* »

**Qu'est-ce que le score d'Apgar ?**

L'anesthésiste américaine Virginia Apgar mit au point il y a quarante ans un test appelé « score d'Apgar » destiné à mesurer l'adaptation du nouveau-né à la vie extra-utérine une minute, trois minutes, cinq minutes et dix minutes après la naissance. Ce test mesure cinq critères notés de 0 à 2 : le cri, la respiration, la coloration, le tonus et les battements du cœur. Un enfant qui s'adapte bien obtient un score de 9 à 10.

## • 13 juillet

La nuit commence à tomber. Dehors, Paris fait la fête. Fenêtres fermées, nous entendons les bruits assourdis des pétards et des orchestres. Dans mon ventre aussi, le bal a commencé. Les contractions annonciatrices d'un accouchement imminent sont bel et bien là, et même de plus en plus là. 11 heures sonnent au clocher de l'église voisine. Il est temps d'y aller. A entendre les coups de klaxon dans les rues, la ville est bien embouteillée. J'ai peur qu'il ne faille de trop longues minutes à un taxi pour traverser la Seine, remonter jusqu'à la Bastille pour arriver à la maternité. Ce sera le Samu. Quelques minutes plus tard, un commando de six secouristes en bleu marine sonne à la porte.

« Vous pouvez marcher ? »

Je peux, mais à petits pas. Leur gyrophare illumine la petite rue obscure épargnée par l'agitation du 14 Juillet. Nous nous engouffrons tous dans la camionnette : les six du commando et nous, les parents. Allongée sur la civière, je soulève les fesses pour amortir les chocs. Jamais je n'ai senti autant de pavés dans les rues de Paris. Des pétards, des fêtards, des embouteillages, je ne vois et n'entends rien, je suis centrée et concentrée sur les mouvements incontrôlables de mon ventre.

Vingt minutes plus tard, le Samu s'arrête devant la maternité. Je fais mine de me lever, mais le commando m'intime l'ordre de rester tranquille. La civière à roulettes prend l'ascenseur jusqu'aux salles d'accouchement. L'horloge du couloir indique minuit. La sage-femme de garde que je n'ai encore jamais vue m'accueille distraitement et m'allonge sur l'étroite table d'examen.

« Votre col est ouvert de deux centimètres. Vous voulez prendre un bain pour vous détendre ? »

La maternité vient de refaire ses salles d'accouchement à neuf. La grande baignoire décorée d'une mosaïque de carrelage fait la fierté des sages-femmes, c'est l'une d'elles qui a dessiné la fresque multicolore. Mes contractions sont de plus en plus rapprochées.

« Pas le temps pour le bain », conclut la sage-femme.

Je suis d'accord. Chavirée par un raz de marée, je n'ai aucune envie de faire trempette. Quelque chose qui ressemble à un animal aux pattes musclées se cramponne à mon ventre. C'est mon utérus qui se contracte. Moi qui croyais les premières contractions presque de tout repos ! Les miennes ne le sont pas. Ce que je vis ne ressemble à rien d'imaginable, à rien d'imaginé non plus. Quelle est cette force qui s'empare de mon ventre ?

J'inspire, l'air entre par mes pieds, remonte le long de mes jambes jusqu'à ma poitrine ; j'expire, l'air descend le long de ma colonne vertébrale pour ressortir par mon vagin. Je garde les yeux ouverts, pour ne pas m'abîmer dans la douleur. Je colle mon dos au lit et balance mon bassin au rythme de la contraction pour décambrer ma colonne vertébrale. Les mouvements répétés à la maison sont des balises dans la tempête. La déferlante s'échoue enfin, l'animal aux pattes musclées est dompté, la douleur reflue lentement. Pas pour longtemps, une nouvelle contraction m'envahit. Elle me saisit le ventre, la poitrine, remonte presque jusqu'à la nuque. Je me concentre, refais les mouvements appris. Je suis une athlète en pleine compétition. Chaque mouvement, chaque respiration me rapproche du but. Martin m'encourage des yeux et de la voix. La voilà qui repart. Mon utérus se relâche. Mais le répit est bref. C'est reparti de plus belle.

Trois heures durant, le va-et-vient des contractions va s'emparer de mon corps ; m'obliger à une concentration et un effort que je n'avais jamais fournis jusque-là. Je suis entièrement centrée, concentrée sur moi-même. Je ne me reconnais pas. Cette force, cette résistance, cette conviction d'où me viennent-elles ? La sage-femme n'est pas souvent là. J'ai l'impression qu'elle a mieux à faire en salle de garde. Je l'imagine fêtant dignement la prise de la Bastille avec ses collègues. Ses brèves visites sont surtout consacrées à l'inspection de mon col dont elle m'informe de l'état d'avancement : quatre centimètres d'ouverture. Tout va bien. Le travail progresse. J'ai soif. Martin pulvérise quelques gouttes d'eau sur ma langue. Il ne faut pas boire pendant l'accouchement, m'a-t-on dit. C'est une mesure préventive au cas où une anesthésie s'avérerait nécessaire. Ouverture à six : la sage-femme tient l'altimètre. Ouverture à huit. Le bébé poursuit son chemin. Cela fait maintenant trois heures qu'il avance, poussé par mon utérus laborieux. Ouverture à dix. Le col est parfaitement dilaté.

« Je vois sa tête », dit la sage-femme.

Moi, je la sens. Je la sens même particulièrement.

« Venez voir, monsieur. »

Monsieur Papa ose à peine venir voir. Il jette un rapide coup d'œil, puis effectue un repli stratégique près du visage concentré de la mère.

« C'est le moment, poussez. »

J'attendais l'injonction. Ce n'est plus le moment d'expliquer que, sur les conseils de Paule, je ne pousserai pas. J'attends la contraction et je souffle, fort, très fort. C'est efficace. « La tête, voilà sa tête », me dit la sage-femme qui, visiblement, me fait confiance. Je souffle encore une fois. Les épaules suivent, puis le buste, les fesses, les jambes, les pieds. Le corps gluant de mon bébé s'échappe de mon sexe. Le dernier accord d'un long corps à corps. L'ultime symbiose. Un glissement progressif vers le monde.

« C'est une fille ! » dit la sage-femme.

Ma fille. Notre fille. Bonjour Julie ! La voilà sur mon ventre, contre mon cœur. Je la regarde sans y croire. Cette petite tête, ces yeux gonflés, ces poings serrés, c'est bien elle. Neuf mois, il lui a fallu neuf mois pour devenir ce petit être indépendant. Quelques heures pour sortir de mon ventre. Ces quelques heures de chaos et de violence sont les plus émouvantes, les plus exaltantes que j'ai jamais vécues.

Je me regarde, nue et transpirante : je suis la mère. Ma mère, ma grand-mère, mon arrière-grand-mère. Je suis toutes ces femmes façonnées par la vie. Je suis la femme archaïque. Je suis la femme puissante. J'ai donné la vie.

• **Trois mois plus tard…**

Julie a maintenant trois mois. Elle pétille littéralement. Quand je repense à sa naissance, violente, puissante, rapide, je trouve qu'elle lui ressemble. Et si les enfants naissaient comme ils sont, comme ils vivent ? Je repense souvent à cet accouchement, à l'intense bonheur d'avoir accompagné mon bébé vers la vie. Sa naissance m'a fait naître. C'est comme si une réserve de force, enfouie au plus profond de moi, s'était enfin révélée. J'ai gagné une incroyable confiance en moi. Et en ma fille, en notre force de vie à toutes les deux. Ces quelques heures de violent corps à corps nous ont plus accrochées l'une à l'autre que neuf mois d'intime cohabitation. Comme si accepter de laisser aller mon enfant, de m'en séparer pour lui donner le jour, était un plus grand acte d'amour que de le porter neuf mois durant.

Je sais maintenant, trois mois plus tard, qu'il s'est passé pendant ces quelques heures une chose très troublante et certainement vitale. J'ai parlé dans mon journal de cette sage-femme qui disait que la douleur ressentie pendant l'accouchement était la douleur que l'on avait en soi. Elle avait raison. J'ai raconté la douleur des contractions fulgurantes, inimaginables, imprononçables. Au-delà du caractère pétulant de ma fille s'exprimait l'histoire d'une autre petite fille. Une petite fille qui un jour perd son papa pour toujours. Sa douleur est brutale et muette car incommunicable. C'est cette douleur que j'ai ressentie de nouveau trente ans plus tard en donnant naissance à ma fille. Je comprends cette sauvage mise au monde. Il ne pouvait en être autrement. Une petite fille était blessée. Une jeune femme donnait la vie. L'émotion de la naissance a fait sauter le couvercle soigneusement verrouillé de ma douleur d'enfance. Mieux peut-être, sans doute, qu'aucun travail analytique n'aurait jamais pu le faire. Parce que mon corps ne pouvait pas tricher, se sauver, se défendre. Il devait participer pour mettre mon bébé au monde. L'accouchement a ainsi stimulé des zones de ma mémoire jusqu'à présent inaccessibles. Revivre l'émotion de la mort en donnant la vie rend la douleur bien plus acceptable. Je pense que je n'aurais pas été la même mère pour ma fille si je n'avais pu refaire ce chemin et ainsi panser ma douleur.

Est-ce à cause des festivités du 14 Juillet ? Est-ce mon air confiant et déterminé ? Est-ce du fait que tout s'est passé vite et bien ? Personne, en tout cas, ne s'est immiscé pendant ces quelques heures de mise au monde. Aucun anesthésiant, aucun geste médical, aucune technologie ne m'ont été imposés. La sage-femme était vraiment « discrète » ; je l'ai peu vue, elle m'a rarement parlé. Sans doute a-t-elle senti que je ne le souhaitais pas, et ne m'a jamais rien proposé, encore moins imposé. Et personne n'est venu jeter un coup d'œil – que j'aurais trouvé indiscret – dans la salle. J'en suis heureuse ; je sais que ce n'est pas la norme, ni dans cet hôpital ni dans les autres maternités parisiennes.

Je pense souvent à toutes ces femmes que la chimie fait taire, que la technique bâillonne et coupe de leur mémoire, de leur histoire. Quel dommage de se priver d'une si formidable thérapie que l'accouchement !... Quel dommage de n'avoir pas pu saisir cette formidable occasion de renaissance, de régénération !

Mais c'est un chemin qui n'est pas tracé d'avance. De plus en plus de femmes, souvent celles qui ont été blessées ou frustrées par des accouchements irrespectueux, sont tentées d'aller voir ailleurs. Certaines choisissent d'accoucher à la maison, pensant que c'est le meilleur « ailleurs » possible. D'autres recherchent des petites maternités chaleureuses. Mais toutes savent que ce chemin-là vers une naissance plus libre, plus responsable, il faut se le frayer soi-même. Pas avec une machette, mais avec sa confiance. Confiance en soi, en son bébé, en son entourage aussi. Dans l'ombre, des sages-femmes attentives ont envie de les écouter et de les soutenir. Rencontrez-les. Leur savoir, leur expérience sont irremplaçables. Ce livre vous aidera aussi, je l'espère ; nous l'espérons, Paule, ma mère et moi. En découvrant la plus rassurante des réalités – votre corps –, vous prendrez confiance en vous, comme je l'ai fait moi-même durant ces neuf mois. Vous découvrirez que votre corps est bel et bien fait pour donner la vie. Faites-le pour vous et pour votre bébé, c'est une naissance à deux, une co-naissance, vos relations futures n'en seront que plus belles et plus confiantes.

# Mouvements

Voici la description des quatorze mouvements annoncés précédemment, plus deux autres, que vous pourrez travailler avec le père de votre enfant. Combien de fois par jour ou par semaine faut-il les faire ? Seul votre corps peut le savoir. Il ne s'agit pas d'un « programme » qu'il vous faudrait à tout prix remplir, et réussir. Plutôt que des « exercices », ils sont comme une eau bienfaisante absorbée chaque jour en petite quantité par vos cellules et qui cesserait de s'écouler quand votre corps, rafraîchi, n'en sentirait plus le besoin. Vous seule pouvez sentir comment ces mouvements peu à peu modifient votre façon de relâcher vos mâchoires, bouger vos yeux, votre façon de respirer et d'éveiller l'intelligence profonde de votre corps.

Si vous en ressentez le besoin, vous pouvez reprendre chaque jour ceux qui vous plaisent davantage. Ils sont courts et n'ont pas besoin d'une mise en condition spéciale. Ce sont des « mouvements immobiles », pour ainsi dire. Vous pouvez acquérir assez de concentration pour pouvoir en faire certains dans une salle d'attente, dans un autobus, à l'insu de tout le monde. Ils n'ont de remarquable que leur extrême précision et les étonnants résultats que vous obtiendrez après chacun d'eux. Étonnants car si l'on s'attend, après avoir travaillé son pied droit par exemple, ou sa jambe, à les trouver plus souples et plus allongés, on ne s'attend pas à avoir l'œil droit plus ouvert et le côté droit du visage plus détendu. Pourtant, c'est ce que vous pourrez observer, et vous pourrez ainsi ressentir physiquement comment tout se tient dans votre corps : le bas est sous la dépendance du haut, l'avant réagit à l'arrière, une cavité répond à une autre cavité.

Vous pourrez ainsi améliorer la vitesse et la précision des commandes nerveuses entre votre cerveau et vos muscles. Vous pourrez affiner les perceptions des muscles que vous ne pouvez commander volontairement, ceux de votre utérus par exemple. Ces perceptions vous seront précieuses pour rester en contact harmonieux avec votre bébé tout au long de votre grossesse, et aussi pour savoir reconnaître et accepter sans crainte, le moment venu, les mouvements de votre corps tout entier prêt à s'entrouvrir pour donner naissance.

Vos yeux, votre bouche et leurs mouvements ont ici une grande place ; c'est qu'ils sont proches parents, même s'ils en sont éloignés par leur situation, de votre utérus et votre sexe. Tous sont puissamment reliés à votre système nerveux inconscient [1]. Nous ne savons pas grand-chose des mouvements infimes, continuels et profonds de nos organes des sens. Ces mouvements ne dépendent pas de notre volonté, mais ils dépendent étroitement de nos émotions. La peur, le stress peuvent faire se contracter les pupilles de vos yeux, comme ils font se contracter les muscles de votre utérus. Une étude américaine a récemment montré que chez cent femmes enceintes dont l'enfant se présentait par le siège, quatre-vingt-un bébés s'étaient retournés spontanément après que leurs mères ont suivi une série de séances d'hypnose qui leur avait permis de se décontracter et par conséquent de décontracter la partie basse de leur utérus qui ne permettait pas à l'enfant de s'engager normalement. Dans le groupe témoin dont les mères n'avaient suivi aucune séance, vingt-six bébés seulement s'étaient remis tout seuls tête en bas [2].

« Faut-il faire ces mouvements au moment d'accoucher ? » me demandent parfois certaines de mes élèves. S'ils vous viennent à l'esprit, c'est-à-dire à la bouche, aux yeux ou aux doigts de pied, pourquoi pas ? Je les considère plutôt comme les éléments d'un alphabet indispensable pour déchiffrer les mouvements, les perceptions de votre corps, du dedans et du

1. Le système neurovégétatif.
2. *Journal of American Medical Association* (JAMA), cité par *Psychologie*, avril 1995.

dehors. Il ne vous viendrait peut-être pas à l'esprit d'épeler chacune des lettres de chacun des mots d'une brûlante déclaration d'amour au plus fort de la passion. Mais votre langue et votre souffle seront fluides, vos muscles souples et dociles, votre désir de mettre au monde sera puissant.

### *1. Aux portes du palais : les lèvres*

Ce mouvement de la bouche peut se faire assise sur une chaise, les pieds nus de préférence et bien posés au sol. Il faut trouver un siège juste de la bonne hauteur pour vos jambes. Vos mains sont mollement couchées sur leur dos et reposent sur vos cuisses. Commencez par faire quelques petits signes de tête « oui ».

Ouvrez vos mâchoires, mais laissez vos lèvres closes, posées légèrement l'une sur l'autre, leurs muscles relâchés. Imaginez que vos lèvres s'épanouissent larges, charnues et douces sans jamais se séparer l'une de l'autre.

Avec le bout de votre langue, suivez très délicatement le contour de vos lèvres jointes, de l'intérieur. Trouvez leurs commissures à droite, et à gauche. Promenez votre langue toujours très doucement d'un côté à l'autre, essayant de deviner du bout de la langue la forme de votre bouche lèvres closes. Essayez un léger sourire et devinez encore, de l'intérieur, la forme de votre sourire.

### *2. Puissance de la langue*

Ce mouvement vous aidera à mieux percevoir les muscles de votre bouche qui ont l'habitude de faire ensemble une quantité de mouvements automatiques. Apprendre à percevoir les mouvements qui viennent des mâchoires, ceux qui viennent de la langue et ceux des lèvres, apprendre à les différencier, les maîtriser, vous aidera à relâcher les tensions musculaires si fortes de la bouche, et ainsi, celles de votre corps tout entier.

Pour la première fois, je vous conseille de faire ce mouvement couchée à plat dos sur le sol[1]. Par la suite, quand vous le percevrez bien, vous pourrez le faire assise. Installez-vous les jambes fléchies, les pieds à plat sur le sol, joints. Vos cuisses sont réunies. Vos reins, si possible, touchent le sol. Observez votre respiration, et quand vous sentez le besoin de souffler, serrez le haut de vos cuisses l'une contre l'autre. Relâchez quand vous inspirez. Le temps de deux ou trois respirations.

Oui, il s'agit bien d'un mouvement de la bouche. Mais il sera plus efficace encore si vous prenez le soin d'allonger les muscles de l'intérieur de vos cuisses avant de commencer. Les contracter consciemment est la meilleure façon de les faire s'allonger, et se relâcher.

Maintenant relâchez l'intérieur de vos cuisses. Ouvrez et fermez votre bouche comme un poisson rouge, lentement, tranquillement. Continuez ainsi pendant une minute ou deux en essayant de laisser votre langue très large, couchée à l'intérieur, sur le plancher de votre bouche. Passive. Les muscles de vos lèvres sont passifs, eux aussi. Seuls travaillent vos masséters, les muscles de vos mâchoires.

Observez, sans essayer de le changer, le rythme de votre respiration. Maintenant, laissez votre bouche fermée, vos mâchoires jointes, mais pas serrées. Essayez de contracter votre langue à l'intérieur de votre bouche. Très musclée, elle possède dix-sept muscles pour elle toute seule.

Placez doucement la paume de votre main droite sur votre bouche, sans boucher les ouvertures de vos narines. Entrouvrez vos mâchoires, et du bout de votre langue pointée tâtez la paume de votre main. Remettez votre langue en bouche, et recommencez. Maintenant, sur votre expiration, essayez d'appuyer le bout de votre langue contre votre paume. Relâchez la pression quand vous inspirez. Continuez ainsi pendant une minute environ.

Maintenant, raidissez votre langue, et essayez de repousser votre paume – toujours sur l'expiration – avec davantage de

1. Après tous les mouvements à plat dos, prenez le temps de vous tourner sur le côté avant de vous asseoir. N'essayez pas de vous asseoir en donnant un « coup de reins ».

force. Votre langue doit être pointue, conique, très compacte. Essayez de percevoir comment, à elle seule, elle a la force de soulever la paume de votre main.

Évitez de contracter et creuser votre nuque. Évitez de contracter vos lèvres, et ne refermez pas vos mâchoires après chaque pression. Essayez que ce travail soit un pur mouvement de votre langue, fait d'une manière précise au moment de votre expiration.

### *3. Le nombril du palais*

Comment l'intérieur de votre bouche est-il fait ? Peu de gens le savent ; pourtant, avec une connaissance tactile, sensorielle de votre bouche, vous pouvez enfin occuper votre espace intérieur, vous libérer des tensions de vos mâchoires, et permettre le libre va-et-vient de l'air dans vos poumons.

Installez-vous assise ou à plat dos, comme précédemment. Votre nuque allongée dans tous les cas. Du bout de votre langue, souple, effleurez votre palais. Parcourez en tous sens la partie rigide de votre palais. Prenez votre temps, ne laissez pas un millimètre inexploré.

Maintenant, portez votre langue vers la droite, sur les gencives de vos molaires du haut et revenez lentement au milieu, vers les gencives de vos incisives centrales. Ne vous intéressez qu'à votre mâchoire du haut. Faites ce parcours interne plusieurs fois en faisant une petite pause sur les racines de chacune de vos dents. Essayez ensuite d'aller au-delà des molaires, vers les gencives de votre dent de sagesse en haut à droite, même si cette dent n'est plus, ou n'a jamais été là. Faites ce parcours à gauche tout aussi lentement.

Maintenant, portez le bout de votre langue en haut, vers le voile, la partie souple de votre palais. Parcourez-le en tous sens.

Revenez vers la partie rigide, puis vers les gencives. Essayez d'apprécier du bout de la langue la différence de relief, la différence de température à l'intérieur de votre bouche.

Placez le bout de votre langue sur les gencives de vos incisives centrales, vos deux dents du devant. Et remontez lentement la voûte de votre palais, par son milieu, jusqu'au voile. Vous trouverez sous votre langue comme une frontière qui fait que vous avez deux palais, un droit et un gauche. Suivez délicatement cette crête qui sépare vos deux palais. Vous trouverez comme un petit « nombril » sous votre langue, situé sur cette crête, presque au sommet de la voûte. Attardez-vous sur ce nombril miniature. Appuyez votre langue sur lui au moment de votre expiration. Relâchez votre pression quand vous inspirez.

Placez la pulpe de votre pouce droit contre votre palais droit. Soyez attentive à votre respiration et, quand vous ressentez le besoin d'expirer, pressez votre pouce contre votre palais. Évitez de contracter votre épaule ou votre bras... Pressez ainsi une dizaine de fois. Davantage si vous vous sentez à votre aise dans ce mouvement. Il faut évidemment que vos ongles soient courts ; mais ils auront besoin de l'être pour la venue de votre bébé.

Retirez votre pouce. Reposez-vous. Comparez l'espace intérieur de votre palais droit et celui du gauche. Comparez vos sensations au niveau de vos sinus, de vos mâchoires, de vos bronches, vos poumons. Comparez le côté droit et le gauche. Puis mettez à nouveau votre pouce droit contre votre palais droit, et votre pouce gauche contre votre palais gauche. Pressez ainsi, avec conviction mais sans violence, le temps d'une dizaine de respirations tranquilles.

### *4. Comme un petit berceau*

Pour ce mouvement, il vous faut une balle assez molle, de la taille d'un gros pamplemousse. Il permet à vos muscles lombaires de se décontracter, de s'allonger. Le sacrum, je vous le rappelle, forme une masse osseuse triangulaire au bas de votre colonne ; la pointe qui est en bas s'articule avec votre coccyx. En haut, le sacrum s'articule avec les os de votre bassin et votre dernière vertèbre lombaire. Il a une forme bombée, convexe côté dos et concave côté ventre. Ainsi, il forme comme un petit berceau où viendraient se coucher votre utérus et votre ventre quand vous êtes étendue.

Tâtez de la main votre sacrum, essayez de suivre son contour. Avec vos doigts, trouvez votre coccyx tout en bas de votre colonne, dans la raie de vos fesses. Il est situé plus bas qu'on ne l'imagine bien souvent. Suivez aussi le contour de vos os du bassin, les os des « hanches » comme on dit improprement. Les « crêtes iliaques », selon les livres d'anatomie. Tout cela d'une main aussi précise et aussi légère que possible.

Couchez-vous à plat dos, les jambes fléchies. Vos pieds sont joints, et posés bien à plat. Écartez légèrement vos cuisses pour poser la paume de votre main droite entre vos jambes, sur votre pubis et votre sexe ; posez la paume de votre main gauche sur votre main droite déjà en place. Inutile de presser. Quand le volume de votre utérus rendra ce geste impossible, ne vous obstinez pas, vous pourrez faire le mouvement avec vos bras le long du corps. Soyez attentive à votre respiration, et quand vous ressentez le besoin de souffler, pressez vos cuisses l'une contre l'autre. Essayez de percevoir contre vos mains la force de vos muscles (les adducteurs) qui sont à l'intérieur de vos cuisses. Le temps de trois ou quatre respirations tranquilles.

Reposez vos bras le long du corps. Gardez vos cuisses et vos pieds ensemble sans tension inutile, et placez la balle sous votre sacrum et votre coccyx. Ensuite, ne faites rien ; c'est le plus difficile.

Laissez vos « reins », c'est-à-dire vos muscles lombaires, s'approcher du sol, se poser doucement. Toute les parties osseuses, denses et fortes, de l'arrière de votre corps – votre colonne vertébrale, votre sacrum, les os de votre bassin – s'approchent du sol, se creusent comme un berceau, se font accueillants pour recevoir votre ventre, votre utérus, ses liquides, son placenta, et pour recevoir votre précieux bébé. Dès que vous percevrez les mouvements de votre bébé, vous percevrez aussi ses réactions au moment précis où vous réussirez à allonger votre dos. Il voudra probablement se mettre à faire des galipettes, tout heureux d'être à son aise dans cet espace que vous lui donnez.

A mesure que le bas de votre dos s'allonge, vous sentirez peut-être votre nuque se creuser et se raccourcir par un jeu de compensation, comme si vos muscles consentaient d'un côté pour refuser de l'autre. Essayez de garder aussi votre nuque calme et allongée, et, si vous le pouvez, vos épaules près du sol.

Enlevez la balle. Posez très doucement vos mains sur votre ventre et savourez le confort, la sécurité de votre sacrum posé au sol.

5. *Quand votre dos respire...*

Pour ce mouvement, il vous faut deux très petites balles d'environ deux centimètres de diamètre. Vous pouvez aller jusqu'à trois centimètres si vous ne ressentez aucune gêne, mais jamais davantage. J'utilise des petites balles en liège car c'est une matière douce et agréable au toucher. Vous pouvez prendre des noix si vous ne trouvez pas de balles en liège. Ou des marrons d'Inde bien ronds et déjà un peu ridés.

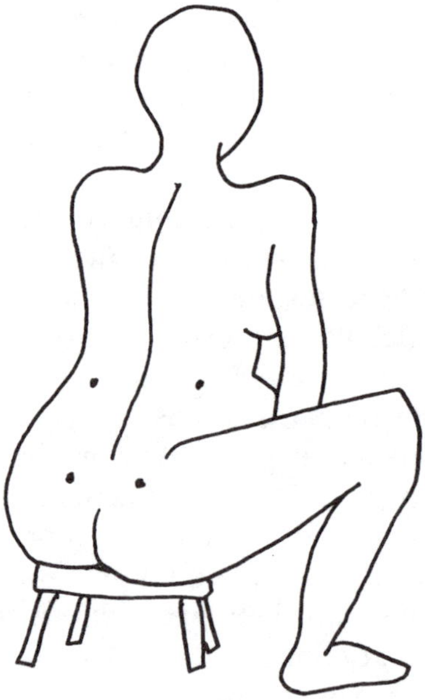

Les points correspondent aux endroits où loger les petites balles, au niveau du sacrum et de la taille.

Couchez-vous à plat dos, les jambes fléchies, les pieds joints, contractez l'intérieur de vos cuisses, comme dans le mouvement numéro 4. Puis reposez vos mains le long du corps et essayez de relâcher vos muscles « adducteurs », de l'intérieur des cuisses.

Concentrez votre attention sur votre sacrum. Essayez de percevoir sa forme et son contour d'après son contact avec le sol. Essayez de percevoir avec précision l'endroit où il commence à se soulever (vers sa pointe inférieure aux environs du coccyx) et ne repose plus au sol.

Prenez une de vos petites balles de liège et placez-la à droite de votre sacrum. Pas sur l'os du sacrum, mais près de son bord, là où vous sentez qu'il commence à décoller du sol, c'est-à-dire aux environs du coccyx. Votre corps est posé sur la balle, vous en percevez le contact, mais celui-ci ne doit pas être trop douloureux. S'il l'est, il faut changer l'emplacement de votre balle. Mettez-la plus en dehors de votre sacrum, c'est-à-dire plus à droite encore, ou plus bas. Il faut évidemment que votre corps soit encore en contact avec elle.

Ensuite, ne faites rien. Observez ce contact, les éventuelles réactions de votre dos, de votre ventre, de vos épaules, de votre nuque. Essayez de lâcher les tensions de vos « reins » ; posez votre taille au sol. Si vous ne sentez pas autre chose qu'un léger contact, c'est très bien aussi. Il ne faut pas croire que plus ça fait mal, plus ça fait du bien.

Dès que votre côté droit a apprivoisé ce contact d'un corps étranger, placez votre petite balle à gauche au même niveau, symétriquement. Ainsi, vous avez les deux balles de chaque côté de votre sacrum. Prenez encore le temps de poser votre taille au sol, de relâcher vos « reins ».

Ouvrez votre bouche, tenez votre langue large à l'intérieur. Soyez attentive au rythme de votre respiration. Quand vous ressentez le besoin de souffler, essayez de faire une pression légère de votre corps sur les petites balles. Attention, ne soulevez pas votre dos pour le faire. Le mouvement est interne et très léger. Ensuite, quand vous ressentez le besoin d'inspirer, faites aussi une pression légère sur vos balles. Faites comme si vous aviez là, de chaque côté de votre sacrum, deux minuscules poumons annexes qui voudraient respirer, eux aussi. Se gonfler, se dégonfler, selon un rythme paisible.

Au bout d'une minute, ou davantage si tout cela vous est agréable, enlevez vos petites balles d'un geste simple, en essayant de ne pas vous contorsionner pour le faire. Posez très délicatement vos mains sur votre ventre, et jouissez de l'ampleur de votre dos, depuis vos épaules jusqu'à votre sacrum. Reposez-vous aussi longtemps que possible, puis allongez doucement vos jambes, l'une après l'autre, en laissant glisser vos talons sur le sol, sans les soulever, et sans déranger votre dos. Laissez tomber vos pieds comme ils le veulent, et jouissez encore de l'appui confortable de vos mollets, de vos cuisses sur le sol.

*6. Quand votre dos respire encore…*

Quand vous aurez bien maîtrisé ce mouvement, vous pourrez passer, un autre jour, au suivant. Vous essayez de repérer au niveau de votre taille l'espace entre l'os de votre bassin (crête iliaque) et vos côtes. En arrière se trouvent vos vertèbres lombaires, mais sur les côtés vous ne sentez pas de partie osseuse dans cet espace. C'est là que s'installent ce qu'on appelle les « poignées d'amour »…

Couchez-vous à plat dos, installez vos pieds joints bien à plat et vos cuisses réunies. Ensuite, placez la petite balle à droite de votre taille, assez en dehors, c'est-à-dire assez à droite pour que le contact soit bien perceptible mais pas douloureux. Ouvrez votre bouche, soyez attentive à votre respiration. Quand vous vous sentez à votre aise, placez l'autre petite balle à gauche, symétriquement. Respirez tranquillement vers vos petites balles, comme si vos poumons se prolongeaient jusqu'à votre taille, faisant un massage léger à votre utérus au passage de l'air.

Quand vous enlevez les petites balles, prenez le temps de vous reposer, les jambes encore fléchies, et d'observer le plus finement possible comment posent votre taille, votre dos, vos épaules, et comment vous pouvez percevoir votre respiration.

*7. Comme un petit poumon entre vos oreilles…*

Préparez votre balle molle, de la taille d'un gros pamplemousse. Couchez-vous à plat dos, les pieds joints posés bien à plat et les talons à l'aplomb de vos genoux, afin que votre taille pose au sol. Placez vos mains entre vos jambes et pressez vos cuisses l'une contre l'autre deux ou trois fois, au moment où vous expirez ; relâchez votre pression quand vous inspirez. Ne bousculez pas le rythme de votre respiration.

Reposez vos bras le long du corps. Concentrez votre attention sur votre nuque et vos épaules. Ouvrez votre bouche et relâchez votre langue. Essayez de faire de tout petits signes « oui » avec votre tête, sans la soulever du sol. Continuez une dizaine de fois. Essayez de faire de tous petits signes « non ». Essayez de bien localiser l'appui de votre tête sur le sol. Ouvrez vos yeux bien grands et regardez le plafond droit au-dessus de votre visage. Repérez un point dans ce plafond. Maintenant, placez votre grosse balle sous votre tête, comme un petit oreiller. Attention, pas sous la nuque, mais plutôt vers le sommet du crâne, entre vos oreilles. Attendez que votre tête, votre nuque, votre cou se trouvent en confiance, acceptent de donner leur poids sur cette grosse balle.

Laissez votre langue large et votre bouche entrouverte. Maintenant, essayez de retrouver votre point repère au plafond. Pour le faire, ne mettez pas votre tête en arrière. Ouvrez plutôt davantage vos yeux. Essayez de respirer tranquillement, votre bouche non serrée. Votre tête est bien posée sur la balle et votre cou est au repos. Ce n'est pas lui qui fait l'effort de regarder en haut, ce sont vos yeux.

Maintenant, quand vous ressentez le besoin de souffler, essayez de faire une pression légère sur votre balle. Relâchez cette pression quand vous inspirez. Si vous le pouvez, essayez de ne pas quitter des yeux votre point repère au plafond. Selon votre respiration, votre visage s'éloigne légèrement de lui, ou s'en rapproche. Essayez de ne pas soulever votre taille et de ne pas faire travailler votre nuque, mais seulement le devant de votre cou quand vous enfoncez votre tête sur cette balle.

Votre sacrum, votre dos sont comme un socle solide ancré au sol, où reposent votre poitrine et votre ventre. La grosse balle derrière votre tête est comme un poumon annexe qui gonfle et dégonfle légèrement au rythme de votre respiration. Aucun bruit de respiration ne vient de votre bouche qui est seulement entrouverte et relâchée, et aucun bruit ne vient de votre gorge qui est seulement offerte au passage de l'air.

Enlevez votre balle, reposez votre tête au sol. Reposez-vous les jambes encore fléchies. Appréciez les appuis de votre crâne, de vos épaules. Allongez tranquillement vos jambes en glissant vos talons par terre, l'un après l'autre.

*8. Quand vos yeux voyagent…*

Les premières fois, faites ce mouvement couchée à plat dos. Ce travail, qui rend vos yeux plus libres de leurs mouvements, peut dissoudre des raideurs, des inhibitions que vous ne soupçonniez pas, et qui souvent tiennent à votre histoire depuis le premier jour de votre vie.

Vous êtes donc couchée, les pieds ensemble et bien à plat, les cuisses jointes. Prenez vos deux petites balles, et placez-les au sol, de chaque côté de votre visage, à hauteur de vos yeux bien ouverts, à une distance qui correspond à la longueur de vos bras. Reposez vos bras le long du corps. Ouvrez votre bouche, laissez votre langue large à l'intérieur, étalée comme une feuille de nénuphar. Battez des cils une dizaine de fois. Essayez d'allonger votre nuque.

Maintenant, sans tourner la tête, tournez votre regard vers la petite balle qui est à votre droite, puis revenez au milieu. Refaites ce mouvement plusieurs fois. Avec vos yeux seuls. Vous sentez peut-être votre mâchoire s'agiter pour essayer d'aller à droite, elle aussi, ou votre langue. Essayez de les calmer et de ne faire bouger que vos yeux.

Essayez ensuite de tourner votre regard vers la petite balle qui est à votre gauche. Plusieurs fois. Il se peut que vous sentiez une grande différence de mouvement dans vos deux côtés.

Maintenant, faites aller vos yeux de l'une à l'autre des petites balles sans vous arrêter ni d'un côté, ni de l'autre, ni au milieu. Votre nuque est peut-être en train de se crisper. Essayez de la calmer. Vos mâchoires restent dénouées, et si possible votre langue large, et votre respiration libre. Si vous le supportez bien, vous pouvez continuer ce mouvement pendant deux ou trois minutes.

Ensuite, battez des cils vivement. Reposez-vous jambes fléchies, puis doucement allongez vos jambes.

Si, par la suite, vous faites ce mouvement assise, vous le ferez moins longtemps. Installez-vous sur une chaise les pieds bien à plat, parallèles et légèrement écartés. Les cuisses légèrement écartées elles aussi, à la largeur de vos hanches. Choisissez des repères de chaque côté de votre visage, à hauteur de vos yeux, et surtout ne tournez pas la tête vers eux. Seulement vos yeux.

### *9. Quand vous roulez la tête comme un nouveau-né...*

Tourner la tête à droite, à gauche, c'est un des tout premiers mouvements des nouveau-nés ; ils cherchent avec leur nez, avec leur odorat, le sein nourricier de leur mère.

Ce mouvement archaïque, que vous avez fait vous aussi, si on vous en a laissé le temps, je vous le conseille maintenant pour travailler la souplesse de votre nuque. Couchez-vous à plat dos, vos jambes fléchies, vos pieds et vos cuisses joints. Faites de la tête quelques signes « oui », en essayant de regarder votre poitrine et votre ventre.

Maintenant, touchez des doigts votre oreille droite, délicatement, suivez le contour du pavillon de votre oreille (vous aurez enlevé vos boucles si vous en portez) et pressez délicatement le lobe de votre oreille entre vos doigts. Puis, vous reposez vos bras le long de votre corps, vos mains mollement couchées sur leur dos ; essayant de la garder au milieu, vous roulez votre tête à droite – sans la soulever – comme pour poser votre oreille au sol ; revenez le visage de face et recommencez. Soyez attentive au rythme de votre respiration ; et maintenant, vos mâchoires relâchées autant que vous pouvez vous le permettre, essayez de faire rouler votre tête vers la droite pour poser votre oreille, au moment où vous avez envie de souffler. Revenez de face au moment où vous inspirez. Ne bousculez surtout pas votre respiration ; ce mouvement ne doit pas être rapide. Continuez ainsi pendant deux ou trois minutes si vous le pouvez.

Puis, revenez au milieu, allongez lentement vos jambes en glissant vos talons au sol. Prenez le temps d'essayer de percevoir les sensations de votre visage, côté droit, côté gauche, et de votre respiration, et de votre dos, et de vos jambes. Votre jambe droite est peut-être maintenant plus longue que l'autre, provisoirement. Roulez votre tête à droite et à gauche ; essayez de savoir quel côté vous semble plus léger, plus vivant et plus mobile…

Puis, fléchissez à nouveau les jambes et « faites » le côté gauche.

*10. Quand votre colonne vertébrale chante…*

Ici, tout commence à la nuque. Les vibrations de vos cordes vocales pourront faire chanter votre colonne vertébrale et parvenir ainsi jusqu'à votre bassin où, dès son sixième mois, votre bébé écoute de toutes ses oreilles, et de toute sa peau probablement bien avant. Votre voix libérée et riche de toutes ses harmoniques le remplit de bien-être.

Allonger la nuque n'est pas chose facile car elle est revêtue de muscles courts, serrés, fibreux qui ne cessent de se contracter. Leur nature les fait se raccourcir, et aussi la nature des événements de notre vie. A la moindre émotion, la nuque se rétracte et se cache entre les épaules.

Installez-vous sur un tabouret, les pieds parallèles, un peu écartés et bien à plat. Touchez du doigt votre fontanelle postérieure. Elle forme une très légère dépression au sommet de votre crâne, à la jonction de vos os. C'est un souvenir de votre naissance ; si vous êtes née par les voies naturelles, c'est votre fontanelle qui a vu le jour en premier. Ne pas la confondre avec la fontanelle antérieure qui se trouve sur le dessus de votre crâne.

Caressez votre nuque d'une main légère en descendant, c'est-à-dire de votre crâne vers vos épaules. Avec votre main gauche, caressez votre épaule droite, suivez sa rondeur avec votre paume. Avec votre main droite, caressez votre épaule gauche. A même la peau, c'est mieux. Puis, installez vos deux mains sur vos cuisses, mollement couchées sur leur dos.

Maintenant, concentrez votre attention sur votre fontanelle postérieure ; fermez vos yeux ; imaginez qu'elle est pourvue d'un œil, et penchez un peu la tête pour qu'elle puisse « voir » ce qui se passe devant vous. Essayez de pencher seulement la nuque, et pas le dos. Relevez votre tête et recommencez plusieurs fois.

Les yeux toujours fermés, essayez de maintenir votre fontanelle haute, et avancez un peu vos lèvres comme pour envoyer un baiser. Plusieurs fois. Essayez de percevoir le volume, le charnu, la douceur de vos lèvres. Puis tout doucement, laissez filtrer un son entre vos lèvres avancées : « Mmma, mmma, mmma.... » Essayez de percevoir la résonance de ce son dans votre corps, cherchez-le dans vos lèvres, ou votre nez, votre nuque, votre poitrine.

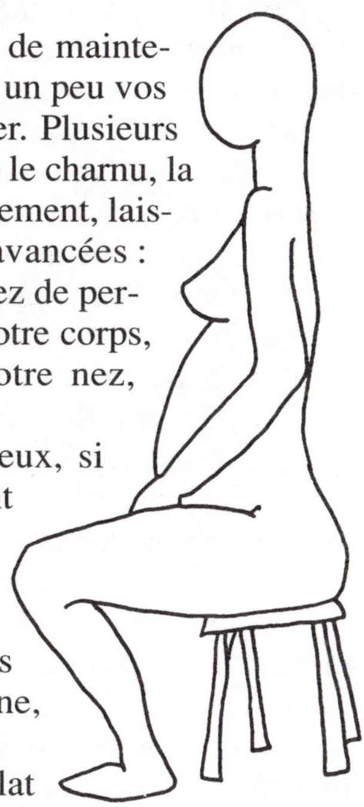

Continuez ainsi une minute ou deux, si cela vous est agréable, en essayant de percevoir les vibrations de votre voix de plus en plus bas, de vos lèvres à votre périnée, en changeant parfois de ton, mais le son reste très subtil. A peine une vibration interne, intime.

Puis reposez-vous un moment à plat dos, si vous le pouvez.

*11. De près et de loin ou quand vos yeux voyagent encore...*

Couchez-vous à plat dos, les jambes fléchies, les pieds joints et bien à plat. Écartez un peu vos cuisses et posez votre main droite entre vos jambes, sur votre pubis et votre sexe ; posez votre main gauche par-dessus votre main droite. Ouvrez votre bouche ; à chaque expiration, serrez vos cuisses l'une contre l'autre avec vos muscles « adducteurs » qui sont à l'intérieur des cuisses ; quatre ou cinq fois suffisent. Si votre ventre ne vous permet pas de poser facilement vos mains entre vos jambes, renoncez, posez vos bras mollement le long de votre corps, et contentez-vous de serrer vos cuisses l'une contre l'autre, en relâchant la pression quand vous inspirez.

Laissez ensuite vos jambes réunies, mais non serrées. Et vos bras mollement posés le long de votre corps, de préférence paumes vers le haut. Essayez de laisser descendre votre dos au sol. S'il refuse, vous pouvez reprendre le mouvement numéro 4, où l'on place une grosse balle molle sous le sacrum pendant quelques minutes. Ensuite, vous enlevez cette balle et posez votre dos. Ne faites pas le mouvement qui va suivre en conservant cette balle sous votre sacrum.

Laissez votre bouche entrouverte, votre langue large à l'intérieur, et vos lèvres passives. Puis, avec vos yeux largement ouverts, commencez à regarder vers le plafond un point réel ou inventé. Fixez-le pendant quelques secondes en essayant de souffler tranquillement, sans bloquer votre respiration. Puis ramenez brusquement votre regard vers votre ventre, sans soulever votre tête. Ensuite, relevez vos yeux vers le plafond toujours vers ce même point, et ramenez-les vers votre nombril. Continuez ce va-et-vient plusieurs fois. Si vous sentez que vous pouvez continuer, faites-le pendant deux ou trois minutes. Essayez que votre bouche reste passive et votre respiration libre.

Ensuite, fermez vos yeux, et, sous vos paupières closes, faites bouger vos yeux rapidement et dans tous les sens, comme vous le faites quand vous êtes en train de dormir et de rêver. Pendant une minute, si possible.

Puis allongez doucement vos jambes, et reposez-vous.

*12. Quand l'intérieur de vos cuisses respire...*

Couchez-vous à plat dos, jambes fléchies, pieds ensemble ; prenez votre grosse balle molle, et placez-la sous votre sacrum comme dans le mouvement numéro 4. Attendez que vos reins, votre dos, votre nuque se calment et s'approchent du sol ; puis enlevez votre balle et reposez-vous.

Ensuite, sans les soulever du sol, allongez vos jambes avec précaution, faites glisser vos talons par terre pour ne pas creuser votre dos. S'il se creuse tout de même un peu, ne vous inquiétez pas. Restez les jambes allongées, et faites quelques signes « oui » avec votre tête, en essayant de regarder votre poitrine et votre ventre. Ensuite, glissez l'index et le médius de votre main droite dans votre bouche, et « crochetez » votre mâchoire inférieure avec ces deux doigts ; ne crispez pas votre épaule ou votre bras. Agissez délicatement, placez vos doigts sur l'os de votre mandibule, vers les racines de vos dents, et non pas sur vos dents. Maintenez ainsi votre mâchoire ouverte, légèrement tirée vers votre cou. Bien sûr, ne forcez pas l'ouverture. Élargissez votre langue. Continuez d'inspirer par le nez, mais soufflez doucement par la bouche ; essayez de percevoir la tiédeur de votre souffle qui passe sur votre langue à chaque respiration. Continuez ainsi une minute ou deux, puis posez votre bras le long du corps. Intéressez-vous à votre bouche, essayez de percevoir vos mâchoires peut-être plus libres, moins serrées, et votre respiration plus tranquille.

Après ce mouvement qui est assez court, vous pouvez fléchir vos jambes, vous tourner sur le côté, vous reposer un peu. Puis installez-vous à nouveau à plat dos, les jambes allongées. A nouveau, essayez de regarder votre poitrine et votre ventre sans soulever la tête. Plusieurs fois.

Puis, concentrez votre attention sur vos jambes qui restent allongées, que vous ne soulèverez surtout pas, et tout doucement essayez de rapprocher vos chevilles. Ceci n'est pas une mince affaire... Autant vous dire tout de suite que, pour réussir ce mouvement avec aisance, il faudrait avoir tous les muscles de l'arrière du corps souples et dénoués, de la nuque aux talons. Aussi, si vous ne parvenez pas immédiatement à réunir vos chevilles et les bords internes de vos pieds, ne vous découragez pas. Le peu que vous ferez va déjà contribuer à allonger votre musculature.

Pour le moment, tout ce que vous ressentez, c'est peut-être un grand effort à faire entre vos cuisses, près de votre sexe ; et peut-être même une quasi-impossibilité. Vous imaginez peut-être que vos genoux sont « trop gros », mais ce n'est jamais le cas, ce sont les muscles des jambes qui sont trop courts et qui tirent les articulations de vos genoux de travers. En aucun cas, vous ne pouvez imaginer que vous êtes en train d'allonger quoi que ce soit dans votre musculature. Laissez-moi vous expliquer que vos muscles « adducteurs », entre les cuisses, sont contracturés chez la plupart des gens, hommes ou femmes, pour des raisons anatomiques et physiologiques précises et aussi pour des raisons liées à notre histoire personnelle. En essayant de rapprocher les chevilles, sans soulever les genoux, sans les faire « loucher » en dedans, sans tortiller les pieds, renverser la nuque en arrière, soulever le dos, ou compenser d'une manière ou d'une autre, vous demandez à vos muscles « adducteurs » de faire ce pourquoi ils sont faits : rapprocher vos cuisses ; mais ils sont tellement crispés en permanence qu'ils en deviennent impotents. Leurs fibres contractées n'ont plus la capacité de remplir cette fonction naturelle qui est la leur. Pourtant, au moment de la naissance de votre bébé, vous aurez besoin de toute la souplesse de ces muscles.

Se mettre en tailleur, écarter les cuisses de force, dans l'espoir d'allonger les muscles adducteurs, comme je l'ai parfois vu faire pour des femmes enceintes, est illusoire et dangereux pour le bas du dos. Les lois de la physiologie musculaire ne le veulent pas, et forcer ces muscles ne peut qu'amener un réflexe inconscient qui est de contracter les « reins », ce dont vous ne voulez pas.

La meilleure façon d'allonger l'intérieur des cuisses et le bas du dos, c'est d'essayer de rapprocher vos chevilles avec douceur et fermeté pendant quelques secondes, en faisant cet effort au moment où vous soufflez, bouche ouverte et langue large…

Vous pouvez reprendre ce mouvement chaque jour quelques secondes, après vous être bien installée au sol comme je vous l'ai expliqué plus haut. Vous serez étonnée de la rapidité et de la qualité des résultats que vous obtiendrez.

*13. Quand la plante de vos pieds respire...*

Ce mouvement est un des nombreux mouvements que vous pouvez faire pour alléger vos pieds, les détendre, et allonger votre musculature. Préparez vos petites balles de liège ; installez-vous sur une chaise, vos pieds nus un peu écartés et bien parallèles ; votre nuque allongée, portez haut votre fontanelle postérieure. Laissez vos mains posées sur vos cuisses, paumes vers le haut. Concentrez votre attention sur votre pied droit ; en laissant tous vos orteils appuyés au sol, essayez d'écarter votre petit orteil en dehors. Vous n'êtes pas obligée de le regarder, essayez de le percevoir autrement que par le regard. Essayez encore plusieurs fois en maintenant votre pied dans son axe, c'est-à-dire pas tourné sur le côté. Placez une de vos petites balles sous votre pied, vers le milieu, à l'endroit où se situerait la taille si votre pied avait une taille. Ouvrez votre bouche, et appuyez légèrement votre pied sur la petite balle au moment où vient votre expiration ; relâchez la pression quand vous inspirez. Essayez de garder vos orteils tout allongés, pas crispés. Continuez une bonne douzaine de fois en respirant le plus tranquillement possible ; vous pouvez imaginer que vous êtes en train de respirer par la plante de votre pied, aussi bien que par vos poumons...

Ensuite, mettez-vous debout ; fermez vos yeux ; comparez les appuis de votre pied droit, de votre pied gauche ; essayez de savoir sur lequel de vos pieds vous vous sentez davantage en sécurité.

Puis, assise, « faites » le pied gauche...

### *14. Des pieds à la tête, ou quand votre dos s'étire par vos chevilles…*

Couchez-vous à plat dos, vos jambes allongées. Votre nuque, votre dos, vos genoux aussi près du sol que vous le pouvez. Vos mâchoires ne sont pas serrées. Essayez encore de rapprocher doucement vos chevilles ; vous connaissez maintenant ce mouvement. Puis fléchissez votre jambe gauche, afin que votre pied gauche soit posé au sol, tout à côté de votre genou droit ; et concentrez votre attention sur votre jambe droite qui reste allongée. Dressez votre pied droit, afin que vos orteils regardent le plafond, mais laissez votre jambe bien posée et dans son axe ; essayez de pousser votre talon loin de vous, sans soulever votre genou, votre taille ou votre nuque. Ce petit mouvement, qui vient de votre cheville, et qui étire l'arrière de votre jambe et de votre cuisse, peut être ressenti comme difficile. Puisque l'arrière de votre cuisse est en train de s'allonger, vous pouvez ressentir, en conséquence, la contraction du devant de votre cuisse. C'est normal, quand un groupe de muscles s'allonge, ses antagonistes se contractent. Vous avez précisément besoin de l'allongement de l'arrière de votre cuisse, et vous avez besoin de la force des muscles du devant de votre cuisse, les « quadriceps », car ils sont presque toujours en manque. De plus, vous ne pouvez voir votre pied en train de bouger, mais ceci est excellent pour développer d'autres perceptions que celles de la vue. Évitez de tortiller vos doigts de pied, essayez de les garder tous longs.

Maintenant, placez de nouveau vos orteils vers le plafond, et, toujours sans soulever votre genou ou tortiller votre jambe, essayez d'abaisser votre pied droit vers le sol ; pensez que vous voulez poser votre gros orteil en premier ; on ne peut poser les orteils au sol si les jambes restent allongées, mais allez dans cette direction en essayant de laisser tous vos doigts de pied allongés. Ensuite, remontez votre pied à angle droit, et recommencez. Continuez ainsi une dizaine de fois.

Puis reposez-vous, allongez doucement votre jambe gauche, et comparez…

Maintenant, vos deux jambes allongées, essayez de mettre vos deux chevilles ensemble. Vous êtes peut-être surprise de trouver un décalage entre vos deux chevilles, car votre jambe droite s'est allongée, et vos chevilles ne sont plus au même niveau… Ne vous inquiétez pas, votre jambe gauche va vite apprendre de votre jambe droite.

Laissez vos deux chevilles réunies, ou du moins le plus proches possible l'une de l'autre, gardez vos jambes allongées, et mettez vos deux pieds debout, vos orteils regardant le plafond. Poussez vos deux talons loin de vous, toujours sans soulever vos genoux, ou votre taille, ou vos épaules ou votre nuque. Imaginez que vous voulez étirer vos muscles, de votre crâne à vos talons, de votre fontanelle postérieure à vos talons. Puis – toujours vos chevilles ensemble – abaissez lentement vos deux pieds, vos orteils allongés autant que vous pouvez vous le permettre. Recommencez lentement ces deux mouvements : une fois vous poussez vos talons, une fois vous allongez vos orteils et toujours les chevilles le plus proche possible.

Ouvrez votre bouche et essayez de trouver à ces mouvements un rythme qui s'accorderait bien avec votre respiration. Essayez de savoir si vous préférez souffler en poussant vos talons ou si vous préférez inspirer. Faites plusieurs essais différents.

Essayez de percevoir les régions de votre corps qui bougent et s'allongent selon le mouvement de vos chevilles ; essayez de percevoir la continuité de votre musculature. Pouvez-vous ressentir ce mouvement à l'arrière de vos genoux ? à l'arrière de vos cuisses ? à l'arrière de votre taille ? entre vos omoplates ?…

Continuez pendant une ou deux minutes si vous le pouvez, puis laissez tomber vos pieds comme ils le veulent, et reposez-vous. Observez le rythme de votre respiration, les appuis de votre corps sur le sol.

Pour vous asseoir, n'oubliez pas de vous tourner très lentement sur le côté, avec tendresse et respect pour vous-même. Puis faites quelques pas dans la pièce et essayez de percevoir comment se posent vos pieds, et comment vos cuisses, vos hanches, votre dos et votre nuque se placent et bougent en marchant.

Le père peut lui aussi, avec tout son corps, vivre à sa manière l'enfantement de son bébé. Le petit garçon qu'il a été, comme la petite fille que vous avez été, a souffert de ne pouvoir librement ouvrir ses yeux, sa bouche, ses oreilles sur son environnement. Vous pouvez ensemble vous préparer à voir plus librement, écouter, toucher... Enfanter.

*Dos de femme contre dos d'homme. Tout contre...*

Ce mouvement se fait à deux, votre homme et vous. A trois, si l'on veut, vous, le bébé et son père. C'est un mouvement de contact de vos corps réunis et mêlant leur sensibilité, leur force et leur chaleur.

Pour que la respiration du père soit encore plus vivante, plus libre, il peut faire lui aussi les mouvements de bouche et d'yeux qui précèdent.

Installez-vous assise sur le sol, les genoux fléchis, les cuisses un peu écartées, les pieds posés à plat si possible.

Votre homme s'assoit aussi genoux fléchis, pieds à plat. Il approche son dos, et tout doucement lui fait épouser le vôtre. Le plus largement possible. Un moment délicat où curieusement chacun peut croire que l'autre veut peser sur lui, entrer dans son territoire. Un moment précieux lorsque finalement vous commencez à percevoir, l'un et l'autre, que vos dos s'accordent, s'allègent. Laissez-les en contact de partout, la taille, les reins, entre les épaules, et, si vous le pouvez, les épaules, la tête, le sacrum.

Posez doucement vos deux mains en bas de votre ventre, vers votre pubis, comme pour soutenir votre bébé dans vos paumes.

Votre homme pose, lui aussi, ses deux mains à plat sur son bas-ventre. Ouvrez la bouche. Soyez attentifs au rythme de votre respiration, et au rythme de la respiration de l'autre. Vous aurez la surprise de percevoir que vos dos respirent, et se donnent mutuellement une rare sensation de sécurité chaleureuse, et de vie.

*Dos de femme contre poitrine d'homme. Tout contre…*

Votre homme s'assoit genoux fléchis, écartés. Installez-vous assise, votre dos contre sa poitrine. Essayez d'entrer en contact de tout votre dos, vos épaules, votre sacrum avec sa poitrine et son ventre. Ouvrez tous deux la bouche, et, dos contre poitrine, prenez le temps de trouver le rythme de votre respiration. Vous pouvez très légèrement vous bercer d'avant en arrière. Un très, très petit balancement. Presque imperceptible.

Ensuite, posez vos deux paumes sur le bas de votre ventre, comme pour soutenir votre bébé. Vos mains sont légères, n'appuyez pas. Votre homme avance ses bras et pose, lui aussi, ses deux paumes sur vos mains.

Doucement, essayez encore de vous décambrer pour que vos reins soient en contact chaleureux avec son ventre, à lui.

Ce mouvement est bienfaisant puisqu'il vous aide à allonger vos muscles du dos. Il est aussi merveilleux pour que circulent entre vous trois la chaleur, la tendresse, le souffle de la vie.

# Bibliographie

Soly Bensabat

*Le stress, c'est la vie*, Paris, Fixot, 1989, réimp., Paris, Éd. Poche Pratique, 1991.

Madeleine Chapsal

*Ce que m'a appris Françoise Dolto*, Paris, Fayard, 1994.

Françoise Dolto

*Tout est langage*, Paris, Gallimard, 1995.

Lucien Israël

*Cerveau droit, Cerveau gauche*, Paris, Plon, 1995.

Françoise-Edmonde Morin

*Petit Manuel de guérilla à l'usage des femmes enceintes*, Paris, Seuil, 1985.

Wilhelm Reich

*L'Analyse caractérielle*, Paris, Payot, 1971 ; réimp., 1992.

*La Fonction de l'orgasme*, Paris, L'Arche, 1970 ; réimp., 1986.

Alfred Tomatis

*Neuf Mois au Paradis. Histoires de la vie prénatale*, Paris, Ergo Press, 1989.

Collectif

*Paroles de sages-femmes. Les dossiers de la naissance*, Paris, Stock-Laurence Pernoud, 1992.

RÉALISATION : PAO ÉDITIONS DU SEUIL
IMPRESSION : NORMANDIE ROTO IMPRESSION S.A. À LONRAI
DÉPÔT LÉGAL : FÉVRIER 1996. N° 23554 (I5-2596)